北欧で見つけた気持ちが軽くなる暮らし

桒原《くわばら》さやか

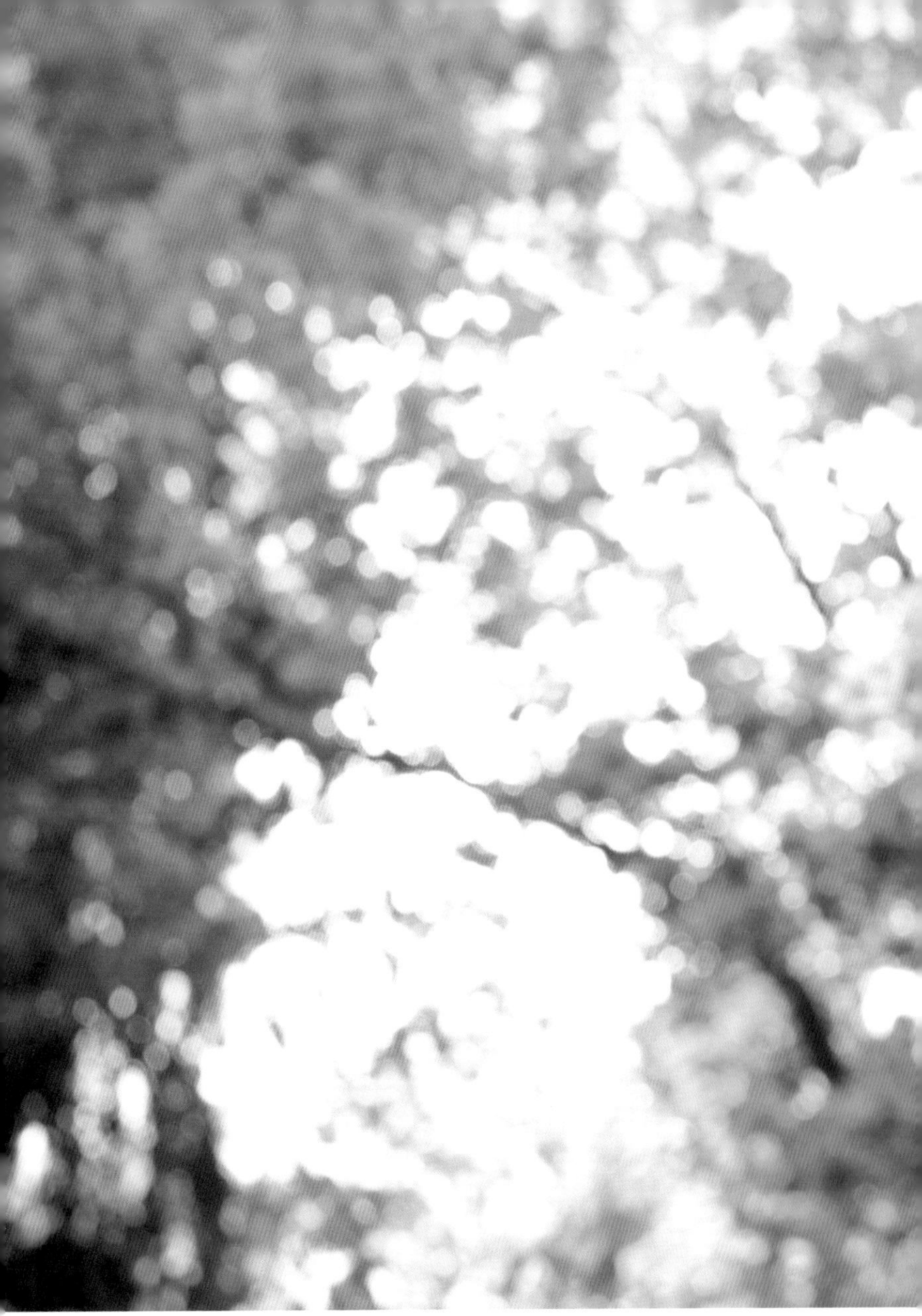

はじめに

私の北欧との出会いは今から10年ちょっと前のこと。大学を卒業してすぐに東京へ引っ越し、働いていた職場で出会ったスウェーデン人を通してでした（この人がその後、夫になります）。

ちょうどそのころ、日本は北欧ブームで、雑誌をひらけば北欧特集があちこちに登場していた時期でした。そこにはインテリアが素敵なだけではなく、子育てもしやすく、働きやすい国として紹介されていたのです。そんな夢のような国が本当にあるのか……？と半信半疑だった私も、夫に連れられてはじめて北欧に行ったときに衝撃を受けることになるのでした。

夕方の5時には仕事上がりのママやパパが子どもと手をつなぎながら家路を急いでいて。家に帰れば、男性もあたりまえのように家事をしている。そこには、仕事と家事を両立しながら、無理なく自然体で過ごしている北欧の人たちの姿がありました。

雑誌に書いてあったことは本当だったんだ！　そんな事実におどろきつつ、日本に帰るころにはすっかり北欧に夢中になっていたのでした。

それからは年に1度、夫とともに北欧へ旅行に出かけるのを楽しみに過ごす日々。北欧の人たちの自然体な暮らしぶりを見るたびに、毎回ふっと肩の力が抜けるようでした。

ところが、ただただワクワクしていた北欧旅行も、何度も行くうちにあることに気がつくようになるのです。

それは、「北欧に住まないとあんな風に暮らせないのかもしれない」ということ。北欧のことを知れば知るほど、子育てがしやすいのは長期の育児休暇が取れる福祉制度のおかげで。仕事上がりに家族とゆっくり過ごす時間があるのだって、仕事が早く終わるという環境があるおかげ。そんな事実に立ち戻ると、なんだかさみしいような、夢から覚めるような気持ちでした。

気がついたら私も30代半ば。ふとまわりをみると、友人たちは家を買ったり、子どもが生まれたり。そんな予定もなく、とくに趣味もなかった私は仕事中心の毎日。朝はバタバタと会社へ出かけ、家に帰ってからも仕事のことで頭はぐるぐる……。それなのにまわりに抜かされているような気がして、つねに仕事でも焦りがありました。

私はどこに向かいたいんだろう？　そう思いながらも、毎日がただただ過ぎていきました。

そんなある日、夫と旅行の計画をしていたときのこと。雑誌に載っていたノルウェーの小さな街に目が留まりました。北極圏にあるトロムソという街で、オーロラが見られると書いてある。今年はオーロラを見るのもいいかも、なんて、軽い気持ちで旅行先を決めたのでした。

年末、飛行機に数時間乗り、目的地のトロムソに到着。さっそく街を散策していると、ちょっと歩いているだけで、すぐにこの街が気に入りました。たくさんはないけれど、いい雰囲気のカフェがいくつかあって、ショッピングモールや図書館など必要なものは1つずつある。人もゆっくりしていて、自然もすぐ近くにある。いつも北欧にいるときに感じていた居心地のよさがありました。夜には真っ暗な空に舞うオーロラに圧倒されて、朝には窓から見える真っ白な雪の街があまりにも美しくて、ドキドキしました。トロムソで過ごしたのはたった2泊3日という短い時間だったのですが、ノルウェーの小さな街に強く惹《ひ》かれたのです。

そして、日本に帰ってきて、いつもの毎日がはじまりました。ところが、仕事をしていても、なにをしていても、あのノルウェーの街のことが頭からまったく離れないのです。夫に話してみると、同じ気持ちだったようで。どうせ無理だよね……と、ノルウェーの会社に夫が応募してみることに。すると、あれよあれよと順調に進んでいき、なんと採用が決定。

えー！　うそでしょー！

うれしいというよりも、おどろきのほうが大きかったことを覚えています。これだけ順調に行くのは、もしかしたら運命かもしれない。戸惑いながらも自分たちの直感を信じて、ノルウェーに移住することを決めたのでした。

こうして猛スピードの展開で、スタートした北欧生活。夫と違って仕事も決まっていなかった私は、忙しかった日々から一転、なんの予定もない毎日がはじまりました。家にひとりでいるともんもんと悩んでしまいそうだったので、短期の仕事に挑戦してみたり、ノルウェー語の学校に通ったり。イベントがあると聞いたら飛んでいったり。こうした時間は、北欧の人たちの暮らしぶりを間近で見る機会になりました。

そこで、実際に目の前にあったのは、毎日の暮らしに真剣に向き合う、北欧の人たちの姿でした。

「仕事と家事を両立しながら、心地よく過ごすにはどうしたらいいのか？」というところから、小さなことでは「毎日の献立」や「掃除の仕方」まで。家族で話し合う人もいれば、自分自身と向き合う人も。毎日の生活が今より少しでも良くなる方法はないのか？と、多くの北欧の人たちはいろいろと試しているように見えたのです。

今までは、北欧で暮らす人たちの毎日にはあたりまえのように、時間にも気持ちにも「余白」があると思っていました。でも、もしかしたらその余白は、毎日をよくしたいという切実な思いと、小さな工夫の積み重ねで作られているのかもしれない。そう感じるできごとが何度もあったのです。

また、日ごろから自分の暮らしのことをよく考えているので、北欧の人たちは自分のことをよく知っているように感じます。

自分はなにが好きなのか、そして、今はなにが必要で、なにが必要ないかということも。自分のことをわかっていると、どこに力を入れて、どこの力を抜けばいいのかがわかるので、ぜんぶを頑張らなくてもいい。そこに、北欧の人たちの肩の力の抜けた生活があるのかもしれない。

これに気がついたとき、目の前がパッ！と明るくなったような、自分の世界がグンと広がったような気がしたのです。

そして、北欧の人たちにならって、私自身も自分の暮らしについて毎日のように考えるようになりました。仕事のこと、家事のこと、そしてこれからの生活のことも。こんなにも自分の暮らしについてゆっくり向き合ったのははじめてだったかもしれません。そんな中で1つ思ったのは、今の私たちには北欧で暮らすよりも、日本のほうが居心地よく暮らせるのかもしれないということ。結局、夫と何度も話をして、1年半ノルウェーで過ごしたあと、日本に帰ることを決めました。

日本に戻ってからは子どもも生まれて、現在は夫と1歳の娘と3人で、長野県松本市で暮らしています。今は日本にいますが、仕事をしているときも、家事をしているときも、子育てをしているときも、ふっと北欧の人たちのことを思い出します。彼らの暮らしぶりを思い出すと、毎日の生活の中で立ち止まって、考える機会をくれるのです。

この本では、私が実際に北欧を通して体験したことを、みなさんにもお裾分《すそわ》けできたらいいな、と思いながら書かせてもらいました。ノルウェーに住んで気がついたこと、そして、スウェーデン人の夫との生活から見えてきたこと、また、北欧に何度か旅行に行く中でわかったことも書いています。

私もいまだに目の前のことにいっぱいいっぱいになることもありますし、時間がなくてイライラしてしまうこともちろんあります。この本には、自分自身も忘れないように意識をしていること、気持ちがざわざわしているときに思い出すようにしていることを書いています。

この本を手に取ってくださった方に、小さくとも、気持ちが軽くなるようなヒントを、そして心地よい余白の作りかたを見つけていただけたなら、こんなにうれしいことはありません。

桒原《くわばら》さやか

もくじ

3章 時間と気持ち

1章 自然

北欧の長い冬が教えてくれたこと。

ノルウェーに引っ越して、はじめての冬がやってきました。私が住んでいたトロムソは地球儀でいうと頂点くらいの位置にある、北極圏の小さな街。首都のオスロやスウェーデンのストックホルムと比べると、寒さも暗さもとくに厳しいのです。トロムソでは11月の終わりごろから2カ月ほど、太陽がのぼらない「極夜《きょくや》」が続きます。よく知られている、1日中明るい「白夜《びゃくや》」の反対です。

朝の10時から外がうっすら明るくなったと思ったら、14時くらいにはまた暗くなる。ふと窓をのぞくと、昼間なのに外は真っ暗。今が何時なのかわからなくなり、体の調子もすっかりおかしくなっていました。私は悩みごとがあるときに、おでこの真ん中あたりが重くなるのですが、同じような痛みがしばらく続いているような？　このままでは、危ないかもしれない……。

友人たちに相談してみると、みんなが口をそろえたようにいうのは、「なんでもいいから、趣味に没頭すればいいよ」ということ。そうはいっても、私の趣味ってなんだっけ……。そんな自分に、さらにズーンと落ち込むのでした。

そんなときに、ふと、まわりを見渡すと多くのノルウェーの人たちは、いきいきとスキーを楽しんでいることに気がつきました。森の中を歩くようにして滑るクロスカントリースキーが人気で、家から歩いていけるところにもいくつか滑ることのできる場所がありました。

仕事上がりにひとりで気持ちよさそうに滑っている女性。雪の山を軽快にのぼって行く年配のご夫婦。休日になれば、子ども連れでスキーを楽しむファミリーも。「ノルウェー人はスキー板をはいて生まれてくる」なんていわれているのですが、あながち間違っていないような気がしてきます。

そうだ！　ノルウェーにいるんだからスキーをしよう！

わらにもすがる気持ちで、夫とともにスキー道具一式を買いに行ったのでした。

いつも出かけるのは、夜の7時ごろ。家から10分ほど歩いたところが定番のコースです。じっとしていると寒くなるので、すぐにスキー板をはいて滑りはじめます。

スーーハーーーーッ。

ときどき足を止めては、大きく深呼吸。冷たい空気にピンッと背筋が伸びます。しばらく滑っていると体があたたまってきて、30分もすると汗がじわじわ。気がついたころには、毎日の悩みごとも冬の寒さもぜんぶ忘れて、夢中でスキーに没頭している自分がいました。

スキーに出かけるのは毎回おっくうなのですが、思い切って外に出た日は、汗といっしょにもやもやした気持ちまで吹っ飛んでしまったかと思うほど。すっきり晴れやかな顔で、家へと帰っていたのでした。

そんなふうにして、重い腰をあげてスキーに出かける毎日を送っていたある日のこと。バスに乗っていると、突然、窓からサーッと太陽の光がバスの中へ差してきました。太陽を見たのは2カ月ぶりでしょうか。

やっと冬が終わったんだ！　そう思ったら、ぶわっと涙がでてきて、ひとりバスの中で泣いていました。北欧の冬は厳しいだろうと覚悟していたつもりだったけれど、想像していたよりも何倍も、寒くて辛く、長いものでした。こうして、はじめてのノルウェーの冬が終わったのです。

以前の私は、趣味があったらいいのにと思いつつも、忙しさに負けてどんどん後回し。ところが、北欧の冬を経験した今となっては、体を動かすこと、趣味を楽しむことは、「こころと体を元気に、毎日を過ごすためには欠かせないもの」だと意識がちょっと変わりました。そしてきっと、冬が長い北欧の人たちは、私たちよりも少しだけ多く、そのエッセンスが必要なんだろうと思います。

北欧の冬から学んだ、
気持ちがしずんでいる日を乗り切るヒント

1 趣味は2つ以上持つこと

ノルウェーの人たちは体を動かす趣味を1つ、家でも楽しめる趣味を1つ、最低でも2つ以上の趣味を持っています。北欧の冬は寒いので家で過ごす時間も長く、男性ならDIYや読書、女性なら編み物やお菓子作りなどが人気。夫はノルウェーでギターを、私は英語の勉強をはじめました。

2 とにかく体を動かすこと

気持ちが落ち込んでいるときは、無理矢理にでも体を動かすようになりました。「YouTube」のエクササイズ動画「Fitness Blender」は10分から家でできるエクササイズがたくさんあり気に入っています。運動ができたら最高ですが、外に散歩に出かけたり、掃除をしたりすることも。体を動かしているだけで、気分転換になります。

3 あたたかい洋服を持つこと

北欧は天気が悪い日が多く、突然雨が降ってくることもしばしば。北欧の人たちは移り変わりやすい天気に対応できるように、防水加工されているジャケットを身につけたり、冬はしっかり防寒対策された洋服を着たりしています。体が冷えると気持ちまで冷え込むような気がするので、日本でも洋服はあたたかさを意識するようになりました。

朝起きて、夜寝るときまで、自然を近くに感じる。その秘密は窓？

スウェーデンの実家（夫の両親の家）にいるとき、よく鳥の鳴き声で目が覚めます。朝の6時くらいになると、庭からにぎやかな声が聞こえはじめるのです。お腹が黄色のキアオジ、茶色の羽が美しいズアオアトリ。灰色と黒がまざったカラスの一種、ズキンガラス。私のお気に入りは長いしっぽをふって歩くカササギです。

彼らの目的は、庭の木に置かれたひまわりの種やナッツ。これは、夫のママが毎日用意しているもの。とくに冬の時期は地面が凍ってしまい、鳥たちがえさを見つけるのがむずかしくなるので、準備してあげるのだとか。スーパーには野鳥のえさ専用コーナーまであるほど、スウェーデンでは一般的なのです。

そんなわけで、夫の実家では朝に限らず、庭をのぞくと小鳥たちがよくうろうろしています。私たちがテーブルで食事をする横で、小鳥たちは庭で食事をとっているなんてことも。そんな風景を見ながら、なんだか日本と違うな……と感じるのは、家の外と中の境目がないことかもしれません。スウェーデンでは、家の中にいるときだって、自然をつねに感じるのです。

北欧ではほとんどの家で1日中カーテンを閉めません。夜でもです。スウェーデンの実家ではキッチンに大きな窓があるので、料理をしていると、すぐ横をご近所さんが通り過ぎていったり、こちらに気づいてニコッとしてくれたりすることも。はじめのうちは、だれかに見られているんじゃないかと思うと、そわそわ落ち着きませんでした。

でも、慣れてくると、少しずつ自然と外に意識が向いて、空の様子を見る回数が増えたり。外の景色まで自分の家の延長みたいで、家が広く感じられたり。なんとなく、気持ちまでスーッと開放的になったような……？　はじめはちょっと勇気がいりますが、たとえ外から家の中が見えてしまう窓でも、思い切ってカーテンをバッと開けてみるとたしかに気持ちがいいのです。

また、家にいながら「自然を感じること」は、その他にもあります。それは、真冬でも寝室の窓を少し開けて寝ること。なぜ窓を開けるのかといいますと、北欧では新鮮で冷たい空気が睡眠にいいと考えられているのだとか。赤ちゃんの睡眠にも新鮮な空気はいいとされていて、真冬の日に外のベビーカーで寝かされている赤ちゃんを見て、えー！とおどろいたこともありました。

そんな私もスウェーデンの実家で寝るときは、北欧流に従って、真冬でも少し窓を開けて寝るように。朝、目が覚めると、ほほにあたるのは冷たい空気。スーッと息を吸い込むと、頭の先まで新鮮な空気がまわるのです。

まるで、森のなかで寝ているみたい……。

北欧の人たちはどこまでも自然が身近にあるんだなぁと、あらためて感心したのでした。ちなみに、日本ではさすがに窓を開けて寝ていないのですが、以前は冬の寒～い寝室が苦手だった私も、今ではこれも悪くないかも……？と、思うようになりました。

家の中でも自然を感じる ちょっとした工夫

1 昼間はカーテンを開けてみる

少し家の中が見えちゃいますが、昼間は思い切ってレースのカーテンまで開けるようになりました。はじめは抵抗があったのですが、今の家はご近所さんと少し距離もあり、だんだん気にならないように。窓から空の様子を見る回数がぐんと増えました。

2 太陽の光を意識する

スウェーデンの家ではよく窓辺にガラスの小物が置かれています。ガラスに反射して、部屋の中まで太陽のきらきらした光が届くのです。太陽が大切だと考えている、北欧らしいアイデアだなと思います。

3 窓辺に植物を置く

北欧の家の窓辺には植物がよく置かれています。グリーンが窓辺にあることで、窓と外の景色をつなぐ役割をしてくれているのです。窓にも視線がよくいき、また、部屋が広くなったように感じます。

最初に誘われたのは、お茶ではなくハイキングでした。

ノルウェーで知り合ったばかりの友人に誘われたのは、お茶ではなく、ハイキングでした。ノルウェーの人たちは自然が好きだとわかってはいたものの、出会ったばかりの友人と会う場所も自然の中なんだ！と知ったときはびっくりしたのでした。

ハイキングに行く前は、実はちょっと緊張していました。というのも、まだまだ自分の語学力に自信がなく、ちゃんと言葉が通じるのか心配だったから。ところが、どうやらそんな心配は自然の中では無用のようです。

夏の終わりの時期だったので、あたりはベリーの実がちらほら。ちょこちょこつまみ食いしながら山を登ったり、ふと遠くに目をやると大きな山々の景色にハッとしたり。そんなことをしているうちに緊張なんてすっかり忘れて、お互いの家族や

仕事のことを夢中で話していました。

実はノルウェーの人たちはとてもシャイ。そして、日本人の私も、やっぱりシャイ。そんな私たちには「ハイキングをしながらお互いのことを知る」というのは、ベストな方法だったのかもしれません。

北欧の人たちの毎日には、あたりまえのように自然が近くにあります。毎朝、仕事に行く前に20分ほど散歩をする男性。休みの日になると、森の中をサイクリングするファミリー。夫婦そろってスキーが大好きなご近所さん。年配の方だって、気持ちよさそうに森の中を散歩しているのです。

ちなみに、ノルウェーで人気の物件は「Turterreng（トゥールテレング）」。どういう物件かといいますと、「家の近くに森や自然の中を歩ける場所がある」ということ。自然が近いということは、ノルウェーの人たちにとっていかに重要かがよくわかります。

郷《ごう》に入《い》れば、郷に従え。ということで、夫とともに休日になると、近くの山や森に出かけるようになりました。

なにかに悩んでいるときは、悩みが小さなことに感じられたり。イライラしているときは、どしっとそんな気持ちまで受け止めてくれるような気がしたり。ピンと気持ちが張っているときは、日常から一歩ひいて、毎日を考えられたり。「自然の中で体を動かすと、いろんないいことが起きる」。きっとノルウェーの人たちはそのよさを、よく知っているんだろうなと思います。

そして、ノルウェーから日本に引っ越すことが決まったとき、友人が最後に会おうと誘ってくれたのも、やっぱりハイキングでした。さみしい気持ちもあって、お別れはだいたいぎこちなくなることの多い私……。でも、その日はびっくりするくらいリラックスしてお別れすることができたのです。これもきっと、自然のおかげなんだろうなと思います。

Karl Fazer
Karl Fazer

ノルウェーの人たちからヒントをもらい、自然を楽しむために実践していること

1 朝は15分、散歩に出かける

夫婦そろって家で仕事をしているので、仕事への切り替えもかねて、毎朝近くの公園に夫と娘と3人で散歩に行くようになりました。とくに寒い時期は出かけるのがおっくうになることもしょっちゅうですが、家に帰ってくるころには頭がすっきり冴えて朝のいいスタートになります。

2 自然の近くを選んで住む

ノルウェーから日本に帰国するタイミングでどこに住もうか考えたときに、できるだけ自然や山が近くにあるところに住みたいと思い、長野県松本市に住むことを決めました。車で10分ほど走れば、北アルプスの山々。その景色を見るたび、ここに住んでよかった！と毎回思います。

3 公園で待ち合わせる

小さな子どもがいることが理由で、友人と公園で待ち合わせをすることが増えました。久々に会う友人たちとは待ち合わせさえもちょっとドキドキする私ですが、公園という場所がそんな気持ちもリラックスさせてくれるようです。

4 ハイキングにはごほうびを持参する

ノルウェーの人たちは、ハイキングに行くときによく持って行くものがあります。それはコーヒーポットと甘いもの。おいしい休憩タイムがあると思うと、足も前へ前へとぐんぐん進むのです。

はじめてのアイスランド、気持ちがシンと静かになる感覚。

北欧の国のひとつ、アイスランドは海にぐるっと囲まれた島国。かなり近い国、ノルウェーの首都、オスロからだって、飛行機でおおよそ3時間かかります。そんなわけで、いつもアイスランドは〝どこか遠い国〟な存在でした。

ある日、夏休みにどこへ行こうか？　と夫と話していたときに、ふっと話題にのぼったのがアイスランド。冬にオーロラを見に行くのもいいな～なんて思っていたものの、夫からはつねづね「北欧の冬は厳しいよ。どうせ行くなら、絶対に夏がいいんだから」とうんざりするくらい聞かされていた私。このチャンスを逃したらアイスランドがまた遠くなってしまう気がして、夏の旅行先に即決したのでした。

念願のアイスランドに到着。空港から少し車で走りはじめただけで、ここは他の北欧となにか違うぞ……という空気を感じます。

人や街の景色になかなか出会わず、目の前にあるのは大きな山とまっすぐに広がる野原。よくよく見てみると山全体が淡いグリーンの苔《こけ》に覆われていて、見たことない顔をした植物が生えている。人はいないのに、羊と馬はあちこちにいて、いぶかしげな表情でこちらの様子をうかがっている。そんな景色に圧倒されながら、これがアイスランドなんだと洗礼を受けたような気持ちでした。


今回は車で海沿いにアイスランドを半周するコース。中心街のレイキャビックで1泊し、さらに車を走らせて海沿いの宿でもう1泊する予定です。

まずは必要なものを買いそろえるためにスーパーへ向かうことに。中に入ると、地元の若者がおしゃべりしながら買い物をしています。横にいた夫が目を丸くしながらひそひそとこんなことをいってくるのです。

「アイスランドの言葉は、まるで妖精の言葉みたい」

スウェーデン人の夫が言うには、北欧の言語に近いけれど音のひびきが特別なの

だとか。たしかに独特なリズムとイントネーションがあって、まるで歌っているみたいに話しているような？　そんなことをいわれると、ますますアイスランドが遠い国に感じるのでした。

旅の間ずっと感じていたのは、まるで夢の中にいるみたいな、ふわふわした感覚。その理由は、目の前に広がる自然が見たことがないくらいに大きいからかもしれません。鮮やかなイエローの花が一面に咲いている野原と、そこで暮らしている馬や羊たち。毎回その景色を見ては、車を止めて外に出る。「すごいね、すごいね……」と夫と何度も話しながら、また車を走らせる。そんなことを繰り返しながら、宿へと向かいます。

2日目の宿に到着するころにはもう夜になっていて、さすがに体もクタクタ。かんたんな食事を済ませて、そのままふらふらと倒れこむようにベッドへ。寝ようとしていると、夫が小さな声で話しかけてきます。

「〝静かな音〟が聞こえるの、わかる?」

耳をすましてみると、確かにキーンという音が聞こえるような……。日本ではなかなか聞こえないけれど、夫の実家があるスウェーデンではよく聞こえる音なのだとか。泊まっていた宿のまわりは住宅からも離れていて静かな環境だから、この音が聞こえたみたいなのです。夫はそのあとスーッと寝入ってしまいました。


この静かな音を聴きながら、ひとり考えていたのは北欧の音のこと。そういえば、北欧の街はとても静かなのです。

スーパーも音楽や放送が流れていないから、とても静か。また、バスや電車に乗っているときだって、必要最低限の放送しか流れません。それに、カフェや食堂でもガヤガヤというよりも、静かに過ごしている人のほうが多く感じる。北欧は人が少ないという理由はもちろん大きいだろうけれど、どちらかというと、北欧の人は静けさを好んでいるような気がするのです。

静かな世界にいると、まわりのことに気がとられず、自分と向き合う時間になる。こうやって北欧の人たちは自分のことや毎日の生活のことを、じっくり考えているのかもしれない。いつも北欧にいるときに感じる、気持ちがシンと静かになる感覚。こういう感覚が、北欧の人たちの日常にはいつもあるんだろうな。静かな宿で、ぼーっとそんなことを考えていたら、いつの間にか私も眠っていたのでした。

翌朝は、旅の最終日。海の景色がきれいでしばらく眺めていると、ふと目についたのは足元に転がるいくつかの石。何年も海に削られて、ポツポツと火山の跡の小さな穴が開いている。まさにこのアイスランドの景色みたい。自分へのおみやげにしようと、いくつかバッグに詰めて持ち帰ることに。滞在したのは短い時間でしたが、アイスランドの自然を全身で吸い込んだ旅になりました。

気持ちが静かになる時間を作るために
するようになったこと

1

アイスランドの音楽を聞く

アイスランドの音楽はメロディやリズムが独特で、聞いているとアイスランドの景色を思い出します。広大な自然の中で暮らしている人たちにしか作れない音だなぁと感じます。よく聞いているアーティストは、「Amiina」「Pascal Pinon」「Sóley」。自然の音を聞いているようで、気持ちまで穏やかになります。

2

スマートフォンを持たずに出かける

スマートフォンがあるとついつい見てしまうので、家の近所を散歩するときは、あえてスマートフォンを家に置いて出かけるようになりました。考え事をしたり、木や山の様子をじっくり眺めたりしながら歩いていると気持ちが落ち着きます。

北欧お宅訪問 in Sweden

Anna's House

その1：アンナさん宅

アンナさん、夫のヨハンさん、兄のオッレ君、妹のリッケちゃん。アンナさんのお腹には、もうひとり女の子が。

南スウェーデンにある、大きな窓が印象的な家に住んでいるのは、アンナさんファミリー。リビングを「ソーシャルルーム」と呼んでいるのが印象的で、この部屋にはテレビはなく、スマートフォンを見るのも禁止。おしゃべり専用と聞いたときはびっくりしました。「テレビやスマートフォンがあるとついつい見ちゃって、すぐに時間が過ぎちゃうでしょ？」とアンナさん。

休日になると友人を家に招待して、この部屋で友人や家族とくつろいだり、FIKAをしたりする時間が何よりも楽しみだといいます。FIKAとは甘いものとコーヒーといっしょにおしゃべりをする時間のこと。スウェーデンでは欠かせない習慣のひとつです。「食事に友人を招待するとなると大変だけど、FIKAならクッキーを焼くだけでもいいし、もちろん買ってきたお菓子でもいいから、簡単でしょ？」。人がたくさん訪れるアンナさんのお宅は、風通しがよく、居心地よく過ごせる工夫があちこちにありました。

スウェーデンに帰省するときに、訪ねる友人たちの家々。
それぞれに心地よい暮らしぶりなので、
そのインテリアや暮らしの工夫を見せてもらいました。

ソーシャルルームと呼んでいる部屋。お互いの顔を見ておしゃべりできるように、ソファやひとりがけチェアは向かい合わせに配置。

Kitchen

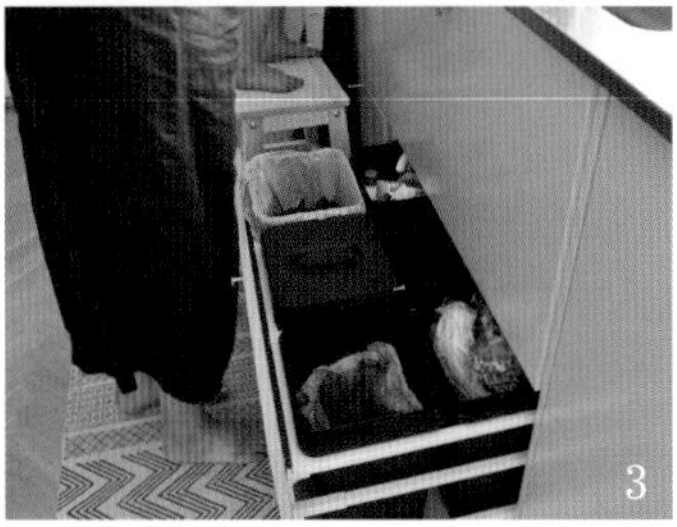

1. シンプルなキッチン。出しっぱなしにするものを極力少なめにし、カウンタートップを広々とさせているので、作業がラク。吊り戸棚はないので、すっきりした印象です。 2. 乾物やお菓子などの小さなパッケージ類は、ざっくりとまとめてキッチンの引き出しに収納。目に見えるところに置かれていないのですっきり。 3. 出しっぱなしにしたくないゴミ箱は、キッチンの引き出しに収納。分別しやすいように細かく分けられている。

Dining Room

4. ダイニングルームにも大きな窓があって気持ちいい。友人や夫婦双方の家族がよく集まるので大きなダイニングテーブルを選んでいます。　5. どの部屋にも3、4個、小さなランプが置かれています。昼間でも雰囲気作りにランプをつけることが多いそう。6. 部屋の角に椅子を1つ置くだけで、リラックスできるスペースになります。ここで本を読むこともあるのだとか。

7. 北欧の人たちは壁の使い方がとっても上手。ウォールシェルフはサイドが抜けていて、本をぎっしり収納しても軽やかな印象です。おもちゃは大きなかごにまとめて収納。　8. 家の中をすっきりさせるために、置き場所が決まっていないものは玄関横のスペースにまとめておくのがルール。1週間に1度、ここに集まったものに、置き場所を決めるのだとか。　9. インテリアのポイントになっている、赤色のサイドテーブルは「イケア」のもの。ちょっと本を置くスペースになっています。好きな場所への持ち運びもラク。

Kids' Room

10. オッレ君のお気に入りのおもちゃコーナー。子ども部屋だからといってカラフルなものばかりでなく、シックな色合いの絵も飾ってすっきりした空間。　11. 妹のリッケちゃんのスペース。子どもたちの好きなものをそろえつつ、親が見ても気持ちいい部屋になるようにしているそう。　12. 右は兄のオッレ君、左は妹のリッケちゃんのスペース。そろそろ別々の部屋にしようと計画中なのだとか。

11

10

12

1

Malin's House

その2：マーリンさん宅

マーリンさん、夫のハネスさん、ルーちゃんの3人家族。当時、マーリンさんは妊娠中。家族が増えるのがなによりも楽しみ！と話してくれました。

南スウェーデンの、海が近くにある住宅街に暮らしているマーリンさんファミリー。なんと、住まいは、1900年ごろに建てられたもの。築120年と知るとびっくりしますが、少しずつ手を加えながら、大切に家を引き継ぐのは北欧ではよくあることだそう。むしろ、古い家のほうが好きという人のほうが多いといいます。

さっそく家にお邪魔すると、まず目に飛び込んできたのは、ダイニングルームに置かれている赤色のチェア（p.50）。シンプルなインテリアにパキッとしたカラーがとてもよく映えています。また、リビングルームにはカラフルで大きな絵画が飾られています。子ども部屋に入ると、壁はかわいらしいミントグリーン。北欧の人たちの家にお邪魔するとシンプルなインテリアに色を足していくのが本当に上手で、さすがだな～と毎回感心してしまうのです。

Living Room

1. 下がり天井が印象的なリビング。壁、本棚、額縁は、ニュアンスのあるブルーグレーにペイントしているので統一感が生まれます。気に入って即決したという大きな絵画がリビングの主役です。　2. リビングは、本を読んだりくつろいだり、家族でいちばんたくさん時間を過ごす場所なのだとか。

3. ダイニングルームのポイントになっている赤色のチェア。シンプルなインテリアにパキッとした赤色が映えます。
4. おやつにと用意してくれたのは、マーリンさん手作りのシナモンロール。ルーちゃんの大好物です。北欧では初夏に咲くというエルダーフラワーのジュースも自家製。

5. よく使うもの、飾りたいものだけを置くことにし、カウンタートップは基本すっきりと。見せる収納は少なめにして、キャビネットの引き出しに収めているので、掃除もラクです。

6. お気に入りの絵本は壁に飾りながら収納。子どもの絵本はカラフルでインテリアのかわいいポイントに。 7. ミントグリーンの壁は、ルーちゃんの部屋。1歳になるころから子ども部屋をもらってひとりで寝ているそう。 8. 夫婦の寝室は、全体的に落ち着いたカラーのアイテムでほっとする空間。壁はやさしいモスグリーン。ベッドの両サイドにライトがあって、寝る前の読書タイムも楽しめます。 9. 窓辺にならんでいる植物たち。外と中の景色をつないでいるようで、とても気持ちいい印象。

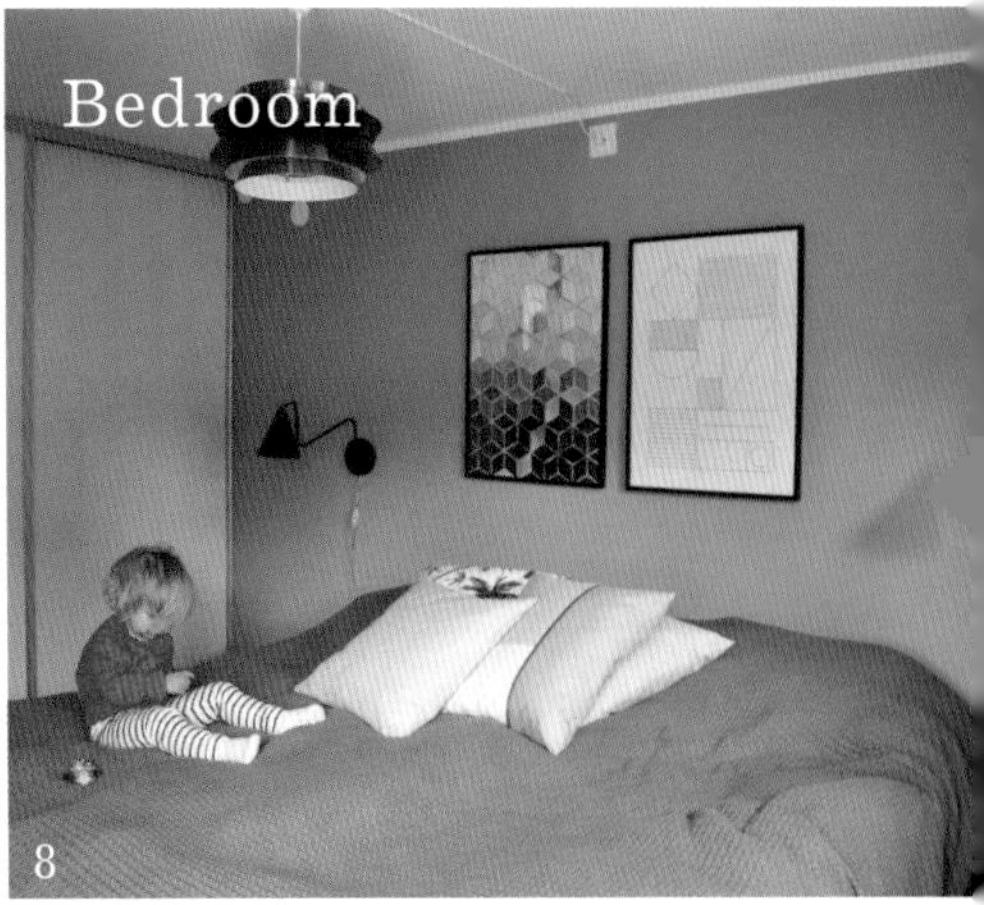

2章

暮らし

子育てはどっちが正解か悩む。日本式？　スウェーデン式？

バタバタと忙しくしていた年末に、私たち夫婦のもとへ小さな赤ちゃんがやってきました。出産という大仕事を終えて病院から家に戻ってくると、オムツを替えるのも、ミルクをあげるのも、ぜんぶがはじめての毎日。なにをするにも、おそるおそるです。

わからないことがあれば、本をひっぱりだしてきて勉強したり、インターネットでカチカチ調べたり。ある日、産後の過ごし方についての本を読んでいると、こんなことが書かれていました。

「産後1カ月ほどは、母子ともに外出はできるだけさけること。家事は家族にまかせて、ゆっくり過ごしましょう」。いわゆる、上げ膳《ぜん》据え膳、産後の床上げまでの期間です。そんなわけで、出産したらしばらく布団やソファの上でごろごろさせてもらうんだ〜と、ゆったりと構えていました。

ところが、そんな私の決意を知ってか知らずか、産後1週間もしないうちに、夫はこんなことをいってくるのです。

「天気もいいし、みんなで散歩に行かない？」

「家にずっといると疲れるでしょ？　出かけようか！」

聞いてみると、どうやらスウェーデンでは、母子ともに産後はできるだけ早く外出し、新鮮な空気にふれたほうが回復が早いと考えられているのだとか。とはいっても、日本では1カ月は外出はさけたほうがいいとされているし、私はまだしも、生まれたばかりの小さくて弱々しい娘を、寒空の中連れて行っていいものか……（真冬生まれなので、長野では外がマイナスの気温になることもしばしばです）。

心配だし、やめておこうよ。これが私の正直な気持ちでした。ところが、夫はなかなかあきらめてくれそうもなく、毎日キラキラした目で出かけよう！と誘ってくれるので、最終的には私のほうが折れました。

産後1週間くらいから、おそるおそる家の近所を赤ちゃんと3人で散歩したり、スーパーに買い物に出かけたり。今、ふりかえってみると、それくらい大丈夫でしょうと思うのですが、はじめての赤ちゃんにビビりまくっていた私は、「自分がやっていることは正しいのか？」「赤ちゃんは本当にだいじょうぶ？」と、不安でしょうがなかったことを覚えています。

赤ちゃんとの新しい生活は、毎日戸惑うことばかり。わからないことだらけの中、スウェーデンではこうしているよ！と夫がいろいろと教えてくれるものだから、「これはスウェーデン式でするべきか？　日本式でするべきか？」と、さらにもんもんと悩む産後生活。他には、こんなことがありました。

哺乳びんは毎回消毒するもの、ミルクは沸騰したお湯で作るもの、と疑ってもいない私。「哺乳びんは毎回消毒しなくていいよ」「ミルクは常温の水でもだいじょうぶ」と夫がいうので、えー！とおどろいたり。

また、赤ちゃんはお風呂に毎日いれるものだと当然のように思っていましたが、

「お風呂は週に1回でじゅうぶん」と夫は断言。そんなわけで、なにが正解かわからず、頭を抱える日々でした。

そんな中、娘が8カ月になるタイミングで、スウェーデンに行くことに。子育てについて日々悩んでいた私は、スウェーデンに住むママたちと話すチャンスがあれば、ここぞとばかりに質問してみよう！と決めていたのです。実際に聞いてみると、哺乳びんは毎回きちんと消毒する人もいれば、ほとんどしない人もいる。お風呂の回数もみんなそれぞれ違うみたい。むしろ、あまり気にしていない様子で、覚えていないわ〜というママもしばしば。

結局、なにが正解だったんだろうとモヤモヤしている私に、あるスウェーデン人のママが育児本を見せてくれたのです。そこにはこんな言葉が書かれていました。

「お風呂は週に1、2回が目安。その子が好きだったら、たくさんいれてあげてね」

この言葉を見たときに、ハッとしたのです。

子どもだってみんな違うんだから、みんな同じなわけがない。その子が好きかどうか、どう感じているのか。もっと「感覚的なもの」に従ったらよかったんだ！ そんなことに気がついたら、急にふっと気持ちが楽になったのでした。

これからも、迷ったり、悩んだりすることが山ほどあると思うのですが、スウェーデン式も日本式もきっと関係ありません。悩むときは、「子どもの感覚」や「自分の感覚」にもっと素直になってみようと決めています。

「感覚」を大事にするために、意識するようになったこと

1 無理して合わせなくていい

スウェーデン人の夫は、好き・嫌いがはっきりしています。例えば食べ物の場合、おいしくないときはあまり褒めず、静かに食べているのですぐにわかります。いっしょにいるとハラハラすることもたびたびですが、相手や自分にうそをつくくらいなら、これくらい自分の感覚に素直になってもいいのかもと思うようになりました。

2 自分のことは、自分で決める

なにかをやろうと決めたあとに、友人から「だいじょうぶなの？」と聞かれて、尻込みしちゃうことがあります。そんなときはあらためて、「その判断は、自分で決めたことなのか？」を自分自身に聞くようになりました。たとえ失敗しても、やらないという判断をしても、誰かのせいにはしないようにしようと決めました。

3 自分のご機嫌を優先する

私は猫のモチーフやカラフルな洋服など、かわいいグッズが実は大好きです。でも、大人になってからは人目を気にし、いい歳してこんなものを持ってちゃいけないのかもと思うこともしばしば。でも、勇気を持って「自分の好き」を解放してみると、とにかくハッピーで楽しく、ご機嫌でいられることを知りました。

無理なく続けられる、楽しい暮らしのルール作り。

土曜日の18時過ぎ。ノルウェーのスーパーで、レジにならんでいたときの話です。順番がまわってくると、レジ係のスタッフがビールの缶を手にとり、くるっとこちらを向いて一言。

「アルコール販売の時間は終わったから、これはレジで預かるわね！」

はじめて言われたときは正直びっくりしたのですが、実はこれ、北欧ではよくあることなのです。ノルウェーに限らず、北欧ではアルコールを販売する時間に制限があります。平日は9時から20時。土曜日は18時まで。日曜日はそもそも販売をしてはいけないのです（北欧でも国によって販売方法は異なります）。

そういうわけで、なんとか時間内に買い物を済ませようと、大急ぎでレジに向かう人もしばしば。そんな人たちを見かけると、同志のような気持ちで頑張れー！と背中を応援してしまう私です。

そもそも、北欧でアルコールの販売を制限するようになったのは、お酒の過剰摂取が一時的に社会問題になったことがはじまりなのだとか。スーパーで買えるお酒は、アルコール度数が低めのものだけ。アルコールの強いお酒は、大きなショッピングモールなどにある国営のお店でしか買うことができないようになっています。

また、お酒は食料品などと比べても消費税が高く、さらに、アルコール度数が増えるごとに税金も高くなるシステム。国民たちがお酒をたくさん飲まないように、それぞれ個人で努力するのではなく、仕組みでズバッと解決してしまうところが、なんとも合理的な北欧らしい方法だなと思います。

お酒は安くないですし、飲み過ぎは体にもよくないので、平日はお酒を飲まないようにしている人も北欧では多いと聞きます。でも、我慢してばかりも、やっぱりつまらない……。そんなわけで、北欧の人たちは〝楽しいルール〟を作って、乗り切っているようです。

例えば、スウェーデンでは、週の真ん中の水曜日を「lillördag（リッロールダーグ）」と呼び、少しならお酒を飲んでもいいことにする。「リッロールダーグ」とは直訳すると、「小さな土曜日」のこと。「今日は小さな土曜日だから、ちょっとだけ乾杯しようか！」なんていいながら、少しだけお酒を飲んでリラックスした時間を楽しむのです。

この独特なネーミングセンスが、とても好きです。お酒を飲まない！と我慢するのではなく、適度にリラックスしながら楽しんでしまう。これなら続けられそうな気がします。

もともとお酒好きな私は、夕飯を食べつつビールなどで晩酌するのが日課でした。疲れた体にお酒がまわり、そのままソファで寝落ちしちゃうなんてこともしばしば。ソファから起きたときのだるさといったら、思い出すだけでいやになります。ところが、ノルウェーに住んでいたときは、とにかくお酒の値段が高いので、お財布の都合で飲む量を減らそうと決意。さぞかし辛いだろう……と思いきや、1週間くらいはお酒が恋しくなることもありましたが、それを越えてしまえば案外平気で、自分でもびっくり！でした。

むしろ、寝落ちすることもなくなり、無駄使いも減り、なんだか得した気分。私の場合は、お酒を楽しんでいるというよりも、飲むことが習慣化していたのかもしれません。それからというもの、「なんとなく」でお酒を飲むのはやめようと決めました。

TOBLERONE
Sverige's go
ORIGINA
Tradition sedan 1953

これなら続けられるかも？
スウェーデンから学んだルール作り

1 土曜日はお酒を楽しむ日

北欧とは違い、日本ではお酒の値段もそこまで高くなく、コンビニでも気軽に買えてしまいます。なんとなくお酒を飲むのを避けるために、「お酒は土曜日だけ」と決めてみました。ちょっとかた苦しく感じますが、制限することで、以前よりもお酒が特別な楽しみになりました。

2 水曜日は、息抜きの日

平日はお酒を飲まないようにしているのですが、北欧の「小さな土曜日」にならって、水曜日だけは晩ごはんを作りながら、お酒を飲んでもいいことにしています。ワインだったり、日本酒だったりを少しの量だけ。気持ちもふ～っとほぐれて、料理を作りながらいい気分になります。

3 土曜日はキャンディの日

スウェーデンの子どもたちは甘いものが大好き。日ごろから食べ過ぎないように、「Lördagsgodis（ロールダーググーディーズ）」というルールを設けている家庭も多いのだとか。直訳すると「土曜日キャンディ」。土曜日だけは甘いものを好きなだけ食べてもいい日にしているのです。ポイントは“好きなだけ”というところ。土曜日のスーパーに行くと、目を輝かせた子どもたちがお菓子を選んでいるのをよく見かけます。我が家も子どもがもう少し大きくなったら、このルールを適用しようかな？と思っています。

北欧のママたちが毎日の料理をなんとか乗り切っている理由

ノルウェーに住んでいたころに頭を悩ませていたのは、なんといっても「物価の高さ」。しばらくしたら慣れるだろうと思ってはいたものの、そうでもありません。スーパーのお会計では毎回ショックを受ける日々。気軽に入れる外食のお店はファストフード店とカフェくらいでしょうか。日本では200円で買えそうな菓子パンでさえ、ノルウェーでは600円くらいするので、オーダーするのも少しちゅうちょします。「安くて気軽な日本の居酒屋が恋しいね、定食屋さんに行きたいねぇ……」と、夫と何度話したことでしょう。

ノルウェーに住む前は、東京で働いていて、ランチタイムはほぼ毎日外食に助けてもらっていました。仕事が終わってからも疲れている日は、そのまま居酒屋や定食屋にふらっと寄ることもしばしば。今思えば、かなりお気楽、気ままな生活をしていたなと思います。

さてそれでは、ノルウェーの人たちはどうしているのかといいますと、3食自炊が基本です。カフェなどで軽食をとることはありつつも、しっかりとした食事をする外食は、月に1度くらいという人が多いのではないかと思います。しばらく住んでいるうちにわかってきたのは、毎日の自炊を続けるためにノルウェーの人たちはいくつか工夫をしているということ。

例えば、金曜日の夜は「タコスの日」と決めている家庭が多いのです。なぜノルウェーでメキシコ料理？　と思う方も多いでしょうが、タコスは簡単に作れて大人も子どもも大好きなメニュー。日本でいうカレーライスみたいな存在のようです。

また、土曜日のランチには多くの家庭で「ミルク粥《がゆ》」を食べています。ミルク粥はお米を牛乳で煮て、バターとシナモン、砂糖をかけて食べるもの。家にあるものでささっと作れて、子どもが大好きなメニュー。ママとパパの休日お助け料理というわけです。つまり、ほとんどの家庭で「2回分のメニューがすでに決まっている」。

これだけで、献立を考える手間がぐんと減るのです。

そして、毎日のことなので、料理好きか特別な日じゃない限り、手間のかかる料理は作っていない人がほとんど。パンにチーズやハム、または、スライスした野菜やジャムをのせるだけのオープンサンドは子どもから大人まで食べているノルウェーの定番ランチ。家で食べるのはもちろん、材料さえバッグに入れれば、どこでも5分で作れちゃうお気軽メニューです。

また、夕食だってささっと作れるものが基本。サラダ、ゆでたじゃがいも、そこにメインのお肉か魚をのせたワンプレートは夕食の定番。同じ料理が続くとさすがに飽きちゃいますが、毎日違うメニューを考えるのも大変ですよね。そこで、多くの家庭ではお肉や魚に添えるソースの味を変えて、バリエーションを増やして楽しんでいるのです。北欧のスーパーに行くと、温めるだけでできる上がる即席ソースがたくさん見つかります。

また、今日は疲れていて自炊ができない〜！という日のための、お助けメニューもちゃんとあります。ノルウェーの家庭の冷凍庫に、必ずといっていいほど入っているのが、実は「冷凍ピザ」。なんとなくナチュラルな食材を食べていそうなイメージだったのですが、実際はちょっと違うようです。友人から「ノルウェーの国民食は冷凍ピザだよ」というジョークを何度か聞いたほど、定番なのだとか。冷凍ピザかぁ……とついつい思ってしまいますが、これくらい簡単なものを取り入れなければ、毎日の自炊は続けられないなとも思うのです。

ノルウェーの人たちはささっと食事を済ませたら、家族とゆっくり過ごし、自分の時間を思いっきり楽しんでいます。きちんとしたごはんを作ろうとするあまり、ピリピリして家族にあたってしまうくらいなら、たとえ手抜き料理だって、自分がご機嫌でいるほうが家族のためになるのかもしれない。北欧の人たちを見ていると、頑張り過ぎていたのかもな……と気がついて、毎回肩の力がふっと抜けるのです。

毎日の自炊をご機嫌に続けるために、意識をしていること

1 曜日ごとにメニューをざっくり決めておく

北欧では献立を考える手間を省くために、曜日ごとに「パスタの日」、「お肉の日」などと決めている家庭も多いようです。私も真似をして、週に1日は肉、1日は魚、1日は洋食、2日は麺類、2日はベジタリアンメニューにすることに。ざっくりと決まっているだけで献立が考えやすくなりました。

2 料理お休みの日を作る

たまの金曜日に、ピザのデリバリーをとるようになりました。栄養が偏ると思いながらも、毎日じゃないのでよしとしています。ピザを片手に映画を見て、この日はリラックス。褒められたことじゃないかもしれませんが、とことんだらだらする日があるだけで救われます。

3 定期的に料理動画を見る

「YouTube」の料理動画をよく見るようになりました。料理上手な人たちのスムーズな手さばきを見ていると、ただただ面白いだけではなく、自分も料理をしたい欲がむくむくと湧いてくるのです。やる気が出ないときはよく料理動画に助けてもらっています。

キャンドルは、冬の救世主。ないと困る必需品

ノルウェーに住んでいたときのこと。冬のはじまりのころで、外は寒そう。そんな日の夜、家のキャンドルがなくなっていることに気づいた夫は、私のところに来てこういいます。

「今日はキャンドルが必要だから、ちょっと買ってくるね」

そういうと、そのままびゅーんと自転車に乗って出かけてしまいました。

また、こんなこともありました。スウェーデンの両親が日本に来ていたとき、荷ほどきをしているスーツケースの中から、ころんと出てきたのはやっぱりキャンドル。前回、宿泊先にキャンドルがなくてさみしかったからわざわざ持ってきたのだとか。私にとってキャンドルはあったらいいなくらいの存在でしたが、どうやら北

欧の人たちにとっては「欠かせないもの」「生活の必需品」のようなんです。

いつでも思い立ったら買えるように、北欧ではどこのスーパーに行っても大小さまざまなキャンドルが売り場にずらりとならんでいます。食事をしているテーブルに灯《とも》っていたり、くつろいでいるソファの横でゆらゆらと炎が揺れていたり。また、夏の間は少しでも外が暗くなると、庭やベランダにキャンドルが置かれます。そう、北欧では日常のあらゆるシーンで活躍しているのです。

年中問わず出番の多いキャンドルですが、冬の時期はより特別な存在になります。北欧の冬は日照時間が短く、お昼過ぎになると外は薄暗くなることもしばしば。寒くて暗いと、気持ちも体もぎゅっと縮こまりそうになるのですが、そんなときにキャンドルのあかりが気持ちをふーっとほぐしてくれるのです。

冬が近づいてくると、カフェやレストランの入り口には大きなキャンドルが置かれはじめます。街を歩いているだけで、うっとりするくらい。なんとも幻想的な景色。一歩カフェの中に入ると、各テーブルには小さなキャンドルが置かれていて、ゆらゆら揺れるあかりの前で、ゆっくりと本を読んだり、友人と長時間おしゃべりをしたり。冬の北欧のカフェは、もう、最高なのです。

ある冬の日に、こんなできごとがありました。スウェーデンの実家の近くには、夫とよく行く市民プールがあります。夏しか行ったことがなかったのですが、真冬のある日、ふと思い立ってプールに行ってみよう！ということになりました。

支度をして外に出ると、朝の9時なのに外はまだ薄暗くグレーな空。小走りで市民プールへと急ぎます。着替えを済ませて、プールへの扉を開けた瞬

間、目の前にある景色に思わず目がくぎ付けに……！

照明はすべて消されて、あたりは真っ暗。灯っているのは、ゆらゆらと揺れるオレンジ色のキャンドルだけ。幻想的なあかりの中を、みんなが静かにただただ黙々と泳いでいる姿は、本当に美しかった！

まるで違う場所に来たかと思うほど、キャンドルはいつものプールを特別な場所にしてくれたのです。

一見ネガディブな「北欧の冬の暗さ」をキャンドルを使うことで、「冬にしか味わえない楽しみ」に変えてしまう。この発想に感激したのでした。


ちょっと大げさかもしれませんが、キャンドルが灯っているだけで、いつもの景色から非日常なところへと連れて行ってもらえる気がします。とくに、気持ちがしずんでいる日はなおさら。そんなことを思うようになってから、日ごろからよくキャンドルにお世話になるようになりました。疲れている日も、ちょっと落ち込んでいる日も、気持ちをふーっと和らげてもらっています。

北欧にヒントをもらい、
家でキャンドルを楽しむ方法

1 寝る前のリラックスタイムに

気がついたら寝る前までスマートフォンを見ているなんてこともしばしば。最近そんな日が続いているな……と思うときは、キャンドルにお世話になるようになりました。寝る前10分間はキャンドルのあかりだけにして、ストレッチをしたり、夫と話をしたり。脳も自然とおやすみモードに向かうのでよく眠れる気がします。

2 ベランダにランタンを置く

夏の夜、スウェーデンの夫の実家では、よく庭にキャンドルが灯っています。その様子がとてもきれいだったので真似をして、ベランダにキャンドルを入れたランタンを置くようになりました。ベランダに出なくても、あかりを家の中から見るだけで特別な雰囲気です。

3 大小のキャンドルを組み合わせる

スウェーデンの家にお邪魔すると、大小さまざまなキャンドルを組み合わせて、ソファテーブルに置いているのをよく見かけます。テレビを見ているときや読書のときにも、リラックスしたムードを作ってくれます。

4 天気が悪い日の朝は、キャンドルの出番

キャンドルといえば夜のイメージでしたが、天気が悪い日の朝は、夫が食卓にせっせとキャンドルを運んできます。優しいあかりが食卓にあるだけで、ゆううつな気持ちがちょっと和らぐような気がします。

金曜日の夜は出かけずに、家でゆっくり過ごすのがぜいたく？

ある年のクリスマスのこと、スウェーデンに住む夫の祖母からプレゼントが届きました。いそいそと包みを開けると、箱の中からでてきたのは大きな大きなマグカップ。おおよそ500mlは入りそうなサイズです。

びっくりして夫に聞いてみると、スウェーデンではめずらしくない大きさなのだとか。ソファに座ってお茶やコーヒーを飲むときに、カップが小さいとすぐに冷めてしまうし、何度もおかわりをしないといけない。そこで、紅茶やコーヒーをたっぷりと準備しておけば、ソファにどしっと座り込み、映画や本を思う存分楽しめるというわけです。つまり、祖母からもらったこのマグカップは、リラックスしたい日にぴったりな大きさなのだとか。

そういえば、スウェーデン人の夫は冬が近づいてくると、毎年口癖のようにいうセリフがあることを思い出しました。

「家の中でブランケットにくるまってさ、外の寒い景色を見ながら、あたたか～いココアやコーヒーをゆっくりするの。なんてぜいたくなんだろう！」

この大きなマグカップといい、夫の口癖といい、どうやら北欧の人たちは、家の中でただただリラックスした時間を過ごすことがなによりもの楽しみのようなのです。


しばらくしてから知ったのは、スウェーデンでは「hemmakväll（ヘンマクヴェル）」という言葉があること。直訳すると、「hemma」が家にいるで、「kväll」が夜の意味。夜にお出かけせず、家でゆっくり過ごすことを表す言葉なのだとか。どんなふうに使われるのかといいますと、「今日はなにするの？」と聞かれたら、「hemmakvällだよ」と答える。そして、「hemmakväll」と答えた人たちは、大体こんなふうに過ごしています。

ポテトチップスやポップコーン、もしくは甘いグミなどのお菓子をたんまりと準備。家族といっしょにソファに座って、用意したおやつをつまみながら、ただただ映画やテレビを楽しむのです。

また、スウェーデンには「fredagsmys（フレーダーグミース）」という言葉もあります。直訳すると、「まったり金曜日」「リラックス金曜日」という意味。やっぱりこれも、金曜日はお出かけせずに家でゆっくり過ごすということを表しているのですが、専用の言葉まであることにびっくりしたのでした。

以前は、金曜日になると居酒屋に行って友人たちとお酒を飲むという、まさに「花金」がなによりの楽しみだった私。そんな私も、今ではすっかり〝家派〟に変わりました。ノルウェーに住んでいたときに、天気が悪い日が多く、とくに冬は寒くて出かけるのもおっくうで、家にいることが多くなったことがきっかけです。そこではじめて、家でゆったりと過ごす「気楽さ」と「ぜいたくさ」に目覚めました。

出かけるとお金がかかりますし、帰りのことだって考えなくちゃいけない。でも、家だったら、なにも考えずに100%リラックスできるのです。

眠くなったらいつでもコロッと寝られる気楽さとともに、ソファでくつろぎながら映画を見たり、好きなだけ本を読んだり。はたまた、お酒をちびちび飲んだり。すでにお風呂が済んでいる日はいうことなし！　もう、最高です。

出かけるのももちろん楽しいのですが、家なら100%リラックスできる。家でくつろぐのってぜいたくだな〜と、しみじみ実感する日々です。

金曜日の夜に家でゆっくりと過ごすために、するようになったこと

1 お茶をたっぷりと用意する

今日は家でゆっくりするぞ！と決めたら、あたたかいお茶をポットにたっぷりと用意するようになりました。もっと気軽に楽しみたい日は500mlほどの大きなマグカップに注いでいます。ソファに座って本を読んだり映画を見たり。とことんリラックスタイムを過ごします。

2 「楽しみ」を準備しておく

金曜日の夜は、自分に「おつかれさま！」ができるように、お楽しみアイテムを用意しておくようになりました。お気に入りのアイスクリームやぜいたくなフルーツなど、いつもよりちょっとだけ特別な気分になれるものを買っておきます。

3 家で「映画館気分」を楽しむ

家で映画を見る日は、トルティーヤチップスとサルサソースが最近の定番。チップスは市販のもので、サルサソースはトマト、たまねぎ、パクチー、ハラペーニョのピクルスを細かく刻んだものに、絞ったライムを混ぜるだけ。電気を暗くすれば、まるで映画館で見ているような気持ちでわくわくします。

これでいいんだ！
北欧流のお気楽なおもてなし。

夫は友人を家に招くとき、必ずといっていいほどすることがあります。それは、いちばん最初に友人たちに家の中の部屋をぜんぶ見せること。トイレはもちろん、日用品や掃除機なんかがしまってある納戸も、さらにはお風呂までバッと開けて見せてしまうんです。

きちんと片付いていない場所もありますし、そもそも見せるほどの場所でもないのに……。ある日、友人が帰ったあとに、「いろんな場所見せないでよ！」と夫に強めにいうと、キョトンとした顔でこんな返事が返ってきました。

「家の中のどこになにがあるかわかると、トイレだって迷わないし、家にいるみたいで居心地がいいでしょ？　家のアイデアになるかもしれないしね！」とのこと。どうやら、夫とは「おもてなし」に対する考え方が、ちょっと違うようなのです。

その他にも、こんなことがありました。友人を家に誘ってごはんを食べるときは、いつもプレッシャーです。サラダは必要だよね、ご飯系もほしいかな、デザートもないとねぇ……なんて具合に、頭の中は料理のことでいっぱいに。でも、夫はそもそも、1品でも手作りがあればよし！と考えているようで、「スープを作って、あとはパンを用意したらいいんじゃない？」といった感じでかなりお気楽。それだけじゃ足りないでしょ！とあきれる私と、お気楽な夫との間で、もめること多々でした。

ところが、北欧に行って、何度か友人の家や夫の実家のホームパーティに参加するうちに、おもてなしに対する考え方が、私もちょっとずつ変わってきました。北欧のホームパーティでは、テーブルの真ん中に大皿料理や飲み物がならべてあって、ほしい分だけ自分で取るのが基本スタイル。ある友人の家では、煮込み料理が1品だけテーブルにドンと置かれていたこともあれば、グリルしたお肉にスーパーで売っているできあいのポテトサラダがドンと置かれていたことも。もちろん料理好きな人は何品も作りますが、そうでない場合は「1品だけ手作り」というのも、どうやらよくあることみたいです。

それには実は訳があるようで、北欧では友人のホームパーティに呼ばれたら、今度のパーティは呼ばれた側の家に集まるのが一般的。自分があまりにも手の込んだ料理を作ると、次回は相手もそのぶん頑張らないといけないからプレッシャーになるのだとか。

でも、ただただ手を抜いているというわけでは、もちろんありません！　相手に居心地よく過ごしてもらうために、違うところで工夫しているのです。

例えば、テーブルに北欧柄の明るい色のクロスを敷くだけで、パッと部屋の雰囲気が変わります。また、お花がテーブルにさりげなく飾ってあることも。どちらもすぐに用意できるものですが、ドアを開けた瞬間に「ようこそ！」といわれているみたいでうれしい気持ちになるのです。

また、雰囲気作りはかなり重要。メインのあかりは消して、間接照明を灯したり、キャンドルをテーブルにいくつか置いてムードを作ります。友人が家に来るときは、夫もせっせと家中のキャンドルに火をつけるのが習慣です。

そして最後に、お菓子は袋のままテーブルに出さないこと。ホームパーティのときにスーパーで売っているポテトチップスやチョコレートが登場することもよくあるのですが、袋のままで出されているのを見かけたことはありません。カラフルなボウルや、銀色のトレー、もしくはかわいいプレートに盛り付けて、2~3種類のお菓子をならべるだけで、いつものお菓子がなんだかキラキラとよそ行きの顔をするのです。


つまり、北欧では招待する側が「無理をしない」というのが、ホームパーティの基本。そんな北欧のちょっと肩の力が抜けたスタイルを、まさに表している言葉があります。

それは、スウェーデン語の「LAGOM（ラーゴム）」という言葉。無理をしない、頑張り過ぎない、ほどほどが心地いいという意味です。これはパーティに限らず、北欧の人たちが生活の中でとても大事にしている言葉。ついつい頑張り過ぎちゃう日本人の私たちにも、少し必要なエッセンスなんだろうなと思います。

大事なのは特別なおもてなしをすることではなく、友人や家族といっしょに食事をし、おしゃべりをして過ごす時間。そんなことを肝に銘じて、もっとお気楽な気持ちで友人たちを家に誘おうと思います。

北欧のお気楽なおもてなしから学んだこと

1 飾る花は、同じ色・同じ種類を選ぶ

北欧でよく売られているブーケは、同じ種類、同じ色の花が何本も束ねられているもの。そのまま花瓶にポンと入れるだけで、なぜか様になるのです。ふだんは花を飾る習慣がなかった私も、いろいろな花を混ぜなくていい、気軽な北欧の楽しみ方を知ってからは、花がぐんと身近な存在になりました。

2 お菓子はかわいいお皿に入れる

ふだんからスーパーで買ったお菓子は袋のまま食べず、数種類、少しずつプレートやボウルにのせてテーブルに出すようになりました。北欧の器は色や柄もカラフルなものが多く、いつものお菓子もちょっと特別に見える気がします。

3 あかりを意識する

友人たちが家に来たときは、メインのあかりは消して、小さな照明とキャンドルを点けるようになりました。ゆらゆら揺れるあかりを前にすると気持ちがリラックスして、ふだん話さないことまで気がついたら友人たちと話しています。

4 ボードゲームを用意する

ホームパーティに参加したとき、友人が「ごはんを用意している間、みんなでやっててね！」と持ってきたのがボードゲーム。はじめましての人も多いパーティでしたが、ゲームに夢中になるうちに自然と打ち解けていました。それ以来、トランプやボードゲームは家に用意しています。

北欧の人たちがものが少なく、すっきりと暮らしている理由。

スウェーデン人の夫は買い物をするとき、かなり慎重です。そもそも、家にものが増えるのが好きじゃないので、本当に必要なとき以外はほとんど買い物をしません。そんな夫は、捨てるのも大好き。定期的に家の中を見直して、「これ捨ててもいい？」と聞いてくるのでちょっと困っています。

今でこそ慣れましたが、ふたり暮らしをはじめたばかりのころは、捨てる？　捨てない？　で、もめたことも多々。これは夫の性格なんだろうとばかり思っていたのですが、北欧に何度か行くうちに、もしかしたら北欧に住む多くの人は同じような感覚を持っているんじゃないかと思ってきました。

というのも、どの家にお邪魔しても、とにかくものが少ないのです。目に見えるところにはこまごました雑貨は置かれておらず、コンパクトなアパートに住んでいる友人さえも、すっきり暮らしていることがほとんど。ものはどこへ？　としばらく疑問だったのですが、その理由が少しずつわかってきました。

まず1つ目は、「飾りではないものは収納棚にしまっていること」。北欧の人たちは、「飾り」と「飾りではないもの」の区別がとてもはっきりしています。目に見えるところに置くのはオブジェや植物など、本当に自分が好きなものだけ。それ以外は、徹底的に収納場所にしまうのです。

ある友人の家にお邪魔したときに、キッチンの洗剤ボトルとスポンジまで棚にしまっているのを見て、そこまでするんだ！とびっくりしたことも。自分が気持ちいいと思う空間を作るためには、「出し入れする」という手間はいとわないという人が多いみたいです。

そして2つ目は、「ものを置く場所を決めていること」。これにはじまり、これに終わるといってもいいんじゃないかと思うほど、何度も聞いた言葉です。

スウェーデンに住むアンナさん（P42で紹介）は、「家にあるものは100％場所が決まっているわ！」と断言。場所がすぐに決まらないものは、玄関横にある

「ＩＮＢＯＸ（インボックス）」と呼ぶスペースに一時保管するのがルール。ＩＮＢＯＸとは直訳すると「受信箱」の意味。週に1度、新しく入ってきたものの置き場所を決めているのだとか。システムを作って解決しちゃうところが、合理的な北欧の人らしい解決方法だなと思います。

そして、家がすっきりしている理由３つ目は、「定期的に処分すること」。ものの量は家によってまちまちですが、収納スペースからあふれる量は持たないようにしています。

捨てるときは、「もったいない！」「まだ使えそう……」と、ちょっとした罪悪感がつきもの。でも、北欧の人は上手な手放し方を知っているようです。

スーパーやガソリンスタンドには、不要になった洋服やおもちゃを入れるボックスが設置されていて、買い物ついでに気軽に処分できます。回収されたものは教会に寄付されるなど、必要な人の手に渡るのだとか。また、不用品はのみの市で売るという人も。毎週のように各地でのみの市が開催されていて、若者から年配の方まで楽しく参加しているのです。

捨てると思うと気がひけちゃいますが、誰かに使ってもらえて、さらにお小遣いまでもらえる。これなら思い切って、手放すことができそうです。

それでは、現在の我が家はどうなっているかといいますと、夫と出会ってからは、私が持っていたものの量はぐんと減りました。減らした理由はいろいろとありますが、身軽になりたいと思ったことが大きかったかもしれません。

押入れの奥にしまってあるものでさえ、持っているだけで、押入れの扉を開けるたびにちょっと重たい気持ちに……。そう、ものは手放すまでなにかしら関わらないといけないのです。出したらしまわないといけない。また、お手入れが必要な場合だってある。そもそも、手放すのだって手間がかかります。

ものが1つなくなると、それだけで負担が1つ減るのかもしれない。そう思うようになってから、思い切ってエイッと手放すことができるようになり、買うことにも慎重になりました。

すっきりした家を保つためにしている
いくつかのこと

1 大事に使う、ケアをする

夫はあまり買い物をしないぶん、文房具から電化製品まで買ったものはとても大事に使います。お手入れが必要なときは、取扱説明書を読んで手順どおりにケアをしています。そんな姿を見るたびに、私もそれくらい大事にしたいものだけを買うようにしようと思うのです。

2 代用できるものはないかと考えてみる

買い物に行く前に、なにかで代用できないか？　1度考えてみるようになりました。子どものおむつ入れは「無印良品」の旅用ポーチを代用したり、蒸し器は買わずに鍋とザルでなんちゃって蒸し器として使ったり。案外いろんなものが代用できることを発見して、お得な気分です。

3 不要になったものは「メルカリ」で販売

洋服から電化製品まで、使わなくなったらすぐに「メルカリ」で販売するようになりました。ちょっとしたお小遣いにもなりますし、罪悪感なくものが手放せるのがうれしいです。

4 出かける前に、一カ所だけ片付ける

部屋中を片付けようと思うとむずかしいので、ここだけきれいならよしとする！という場所を作るようになりました。我が家の場合は、リビングのラグ。子どものおもちゃや本などがあちこちに散らばっているので、出かける前と寝る前にいつもここだけは片付けています。

出かけるのもいいけれど、家がやっぱりいちばん。

北欧の街を歩いていると、「またインテリアショップだ！」なんてことがよくあります。テキスタイルのお店があったと思ったら、その2軒先にはポスターのお店があったり。ショッピングモールの中だって、インテリアにまつわるお店がずらり。手ごろな価格のものからデザイナーものまで、いろんなお店があるからいつも目移りしてしまいます。

また、テレビをつけると流れているのは、インテリア番組。プロのインテリアデザイナーがおうちにお邪魔してリフォームをしてくれたり、はたまた、ガーデニングやＤＩＹの番組が流れていたり。とにかくインテリアにまつわる番組がたくさんあるという印象です（ちなみにスウェーデン人の夫は、日本のテレビの料理や食べ歩き番組の多さにびっくりしていました）。

北欧に行くたびに感じるのは、「家」という存在の大きさ。もしかしたら、北欧の人たちは1日中家のことを考えているのかも?と思うほどです。実際に、どのお宅にお邪魔しても気持ちよく暮らしている家が多く、なんでこんなに居心地がいいんだろう?と毎回きょろきょろしてしまうのでした。

北欧のインテリアでいいなと思うところはたくさんありますが、その1つは窓の飾り方。窓辺にはオブジェや花瓶、植物などを飾っている家が多く、街を歩いているとそれぞれのお宅の様子を窓からうかがうことができるのです。夫いわく、これは「インテリアのお裾分け」なのだとか。「街を歩いているときも楽しいでしょ?」とのこと。家のインテリアを考えるときに、外からどう見えるのか?も考えているというからおどろきです。とくにクリスマスが近づいてくる冬の時期には、窓辺に星の形のランプを飾るのが伝統。外を歩いていると、各家の窓から星のランプやクリスマスの飾りが見えるのです。北欧の人たちは、この景色を毎年楽しみにしています。

　そして、テキスタイルの使い方もとっても上手。北欧のテキスタイルは「marimekko」に代表されるように大胆でカラフル！　見ているだけで元気がもらえるものばかり。なにも特別な日じゃなくても、北欧の人たちはテーブルクロスを日常的によく使っています。1枚広げるだけで、部屋の雰囲気がガラリと変わるのです。

　また、季節ごとにカーテンを替えるというお宅も。夏はさわやかなグリーンやブルー、冬になると暖色系のオレンジや赤色のカーテンに。毎回その変化を見るとわくわくするのです。

　そして、北欧の家は、照明の使い方も印象的。1つの天井灯で部屋中を照らすのではなく、いくつもの小さな照明を部屋中に置いて明るくしています。すると、やさしいあかりに囲まれ、昼間とはまったく別の顔になったみたい

にリラックスする空間になるのです。

　北欧のことを知るうちに少しずつわかってきたのは、北欧のインテリアアイデアは「長い冬をどうやったら楽しく乗り切れるだろうか？」というところから生まれているということ。

　実際に北欧に住んだときに、冬の長さと辛さを私自身も痛感しました。場所によって多少違いますが、11月くらいから寒くなってきて、春みたいにあたたかくなるのは5月くらいでしょうか。つまり、半年くらいは冬が続いているということになります。3月や4月になっても、まだまだ外が寒かったのには正直かなりこたえました……。

　この長い長〜い冬の時期を、北欧の人たちは家で過ごしています。どうやったら

居心地よく過ごせるだろうか？　家の中でも明るい気持ちになれる方法はないだろうか？　という切実な願いから、北欧のインテリアのアイデアが生まれているのです。


スウェーデンにはこんなことわざがあります。

「Borta bra men hemma bäst（ボルタ ブロウ メン ヘンマ ベスト）」

「出かけるのもいいけれど、家がやっぱりいちばん」

北欧らしくて、とても好きなことわざです。

仕事から帰ってきて、ほっとやすらげる家がある。料理がしたくなるキッチンがある。休日に家で過ごす時間が楽しみになる。

北欧の人たちが気持ちよく家の中で暮らしている様子を見ると、家が好きな場所、心からリラックスできる場所であることの大切さを感じます。そして、北欧に行くたびに毎回インテリア欲がむくむく湧いて、日本へと帰ってくるのでした。

北欧から学んだ、
家で過ごす時間を居心地よくするアイデア

1

小さな照明を部屋中に置く

食卓の上、ソファの横、廊下、玄関、寝室など、家の中でちょっと暗いかな？　と感じる場所には小さな照明を置くようになりました。今までは夜になると少しさみしく感じていた部屋が、あたたかい雰囲気に。やさしいあかりを見ていると気持ちが落ち着きます。

2

家の中で冬の楽しみを作る

クリスマスが近づいてくると、「イケア」で買った星の形のライトを飾るようになりました。外から見たときの風景もかわいくて気に入っています。この星のライトを飾るようになってから、冬が来る楽しみが1つ増えました。

3

テレビ中心の配置にしない

北欧の人たちの家にお邪魔すると、ソファをテレビの方向へ向けていないことがよくあります。リビングで過ごす時間をテレビ中心にしないためなのだとか。我が家でもソファやダイニングテーブルはテレビの方向へ向けず、家族で会話しやすいように配置するようになりました。

4

玄関にバッグとジャケットを置く場所を作る

北欧の家の玄関には、毎日使うバッグやよく使うジャケットを置く場所が作られています。フックやハンガーラック、チェストが置いてあることも。出かけるときも、家に帰ってきたときも、置き場所があるととてもスムーズでいいなと思ったので、我が家でも真似をするようになりました。

5

小さくともリラックスできる場所を作る

どうしても作りたい！と夫からお願いされたのは、ひとり時間を楽しむスペース。ここに置くものは北欧では定番が決まっているそうで、ひとりがけソファ、コーヒーカップが置けるほどの小さなテーブル、ランプ、ラグの4つ。1畳ほどの小さなスペースですが、夫はよくコーヒーとともにひとり時間を満喫しています。

6

気分転換したいときは、クッションカバーを替える

家具を替えるとなるとたいへんですが、クッションカバーなら1つから替えられるので、気軽に気分転換ができるようになりました。北欧のテキスタイルは大胆でカラフルなものが多く、見ているだけで元気をもらえます。次はカーテンを替えてみたいなと思っています。

スウェーデンのアニタママに教わった

北欧ごはん

日本でもおいしく
作れるレシピ！

スウェーデンではいつも、夫の母である、アニタママがテキパキと手際よく料理を作ってくれます。よく登場するのは、じゃがいもを使ったメニューや、肉や魚のオーブン料理。そして、友人が家に遊びにくるときはササッと簡単なクッキーやパイを焼いてくれます。北欧料理は、材料も作り方もシンプルなものが多いのですが、肉には甘いジャムが添えられるなど、あまり日本ではなじみのない味の組み合わせに毎回興味津々！

料理ができるとアニタママが「varsågod!(バーショグー！)(できたわよ、どうぞー！)」と家族みんなを呼んでくれるのがいつも楽しみなのです。今回はママから教わったレシピの中から、日本でも作れる北欧料理をいくつか紹介させていただきます。

ヤンソンさんの誘惑（じゃがいものグラタン）

スウェーデン料理の代表格メニュー。名前の由来は諸説あり、
オペラ歌手のヤンソンさんがおもてなしとして毎回作っていたという説が１つ。
厳格な菜食主義の宗教家、ヤンソンさんが、匂いにつられ、
誘惑に負けて食べてしまったからという説も。
じゃがいものほくほく感と、魚のうまみが合わさって、確かに誘惑されちゃいます。

材料（2人分）
じゃがいも … 4個
たまねぎ … ¼個
アンチョビ（日本で購入できるイタリア製のものなど）… 7枚
生クリーム … 200ml
パン粉 … 大さじ2
バター … 15g
塩、こしょう … 各少々

作り方
1 じゃがいもは皮をむいて太めのせん切りに、たまねぎは薄切りにする。
アンチョビは幅1cmに切る。
2 フライパンにバターを中火で熱し、たまねぎを炒める。
しんなりしてきたら、じゃがいもを加えて表面が透き通るくらいまで炒め、
塩、こしょうをふる。耐熱皿に移し、アンチョビを全体に散らす。
生クリームを回し入れ、パン粉をふる。
3 200℃に予熱したオーブンで約15分、表面にこんがり色がつくまで焼く。

この料理、スウェーデンでは、にしんを砂糖や塩、酢、シナモンなどのスパイスに漬け込んである「ansjovis」という缶詰で作ります。日本で購入できる塩＆オイル漬けのアンチョビとは別物で、ほんのり甘く、スパイスの香りもほのかに漂います。今回は日本でも作れるよう、後者を使ったレシピをご紹介。

ラグムンク（ポテトのパンケーキ）

スウェーデンでよく食べられているパンケーキは、分厚いふわふわの生地ではなく、薄い生地が主流。ラグムンクはじゃがいもが入るので少しもっちり食感です。
いっしょに食べるベーコンのしょっぱさとリンゴンベリーの甘ずっぱさの組み合わせがなんともいえずおいしくて、
これぞまさにスウェーデンの味！という気がします。

材料（直径15cm のもの 3 枚分）
じゃがいも … 3 個
卵 … 1 個
小麦粉 … 50g
塩 … 少々
牛乳 … 150ml
ベーコンの薄切り … 6 枚
バター、リンゴンベリージャム、
パセリのみじん切り（あれば）… 各適量

リンゴンベリー（コケモモ）で作られるジャムは、ベリー独特の酸味と甘みがあり、北欧料理に欠かせません。ラグムンクやミートボールなどの料理に添え、甘じょっぱさを味わうように、おかずといっしょに食べるのが北欧らしいなと思います。

作り方

1 じゃがいもは皮をむき、グレーターやしりしり器などでおろして細いせん切りにする。
2 ボウルに卵、小麦粉、塩を入れて混ぜる。牛乳を少しずつ加えながらなめらかにし、1 のじゃがいもを加えて混ぜる。
3 フライパンにバター少々を弱めの中火で熱し、生地⅓量を流し込む。焼き色がつくくらいに両面を焼く。残りも同様に焼く。
4 ベーコンはフライパンでカリカリに焼く。器にパンケーキとベーコンをのせ、ジャムを添える。あればパセリを散らす。

フィッシュスープ

たらやサーモンを使ったフィッシュスープは、家庭ではもちろん、
外食でもよく登場する北欧の定番。冬の寒い時期には欠かせません！
真冬に犬ぞりツアーに参加したときにオーナーが出してくれたのが
自家製のフィッシュスープ。体にじわじわ染みわたるおいしさで、
あの味が恋しくて、日本に帰ってからもよく作っています。

材料（4人分）

サーモンの切り身
（または、たら）… 2枚
じゃがいも … 4個
にんじん … ½本
長ねぎ … ½本
たまねぎ … ¼個
魚介系スープの素（顆粒）*
… 適量
生クリーム … 100〜150ml
バター … 10g
ディル … 適量
塩、こしょう … 各少々

＊Mascotの「フュメ ド ポワソン」を使用。なければ、コンソメスープの素で代用可。

作り方

1 サーモンは一口大、じゃがいもは皮をむいて4等分、にんじんは小さめの乱切り、長ねぎは小口切り、たまねぎは1cm角に切る。ディルは長さ1cmほどに刻む。

2 鍋にバターを中火で熱し、長ねぎ、たまねぎを炒める。しんなりしてきたら、にんじんとじゃがいもを加えてさらに炒める。水800mlとスープの素（表示を確認して水量に対しての必要量）を加え、じゃがいもやにんじんに火が通るまで15〜20分煮る。

3 鍋にサーモンを加え、生クリームを好みの濃さになるまで少しずつ入れる。塩、こしょうで味をととのえてディルを散らし、サーモンに火が通るまで5分ほど煮る。器に盛りつけ、さらに上からディルを散らす。

スウェディッシュ・ミートボール

スウェーデン料理といったら、真っ先に浮かぶのがミートボール！
それぞれ家庭の味がある、スウェーデンのおふくろの味です。
甘いリンゴンベリージャムとしょっぱいソースがなんとも癖になる組み合わせ。
クリスマスなどのお祝いの場でもよく登場。必ずポテトが添えられています。
しょうゆは最近ではスウェーデンでもよく使われる調味料です。

材料（2人分）

ミートボールたね
- 合いびき肉 … 300g
- たまねぎ … 1/8個
- 卵 … 1/2個
- 生クリーム、パン粉 … 各大さじ2
- 塩、粗びき黒こしょう、オールスパイス … 各少々

生クリーム … 100ml
ビーフコンソメ（キューブ）… 1/2個
しょうゆ … 大さじ2
塩、こしょう、小麦粉 … 各少々
じゃがいも … 4個
ディル … 1パック
バター、白ワイン（または酒）、リンゴンベリージャム … 各適量

作り方

1 じゃがいもは皮をむいて4等分に切る。ディルは幅1cmにキッチンばさみで刻む。鍋にじゃがいもとディルの半量を入れて、全体がかぶるくらいまで水を加える。中火にかけてじゃがいもに串がすっと通るくらいまでゆでておく。
2 たまねぎはみじん切りにする。パン粉は生クリーム大さじ2にひたす。フライパンにバター少々を中火で熱し、たまねぎをしんなりするまで炒める。
3 ボウルに合いびき肉、2のたまねぎとパン粉、卵、塩、こしょう、オールスパイスを加えて、生地がなめらかになるまで混ぜる。1つ直径2〜3cmに丸める。
4 フライパンにバター10gを中火で熱し、3をときどきころがすようにして焼く。白ワイン少々をふって、こんがり色がつき、中まで火が通るまで焼く。ミートボールは取り出しておく。
5 フライパンは洗わず、生クリーム、水各100ml、ビーフコンソメを入れて中火にかける。塩、こしょう、しょうゆで味をととのえ、小麦粉を倍量の水で溶いて加え、とろみをつける。
6 皿にミートボール、じゃがいもを盛る。5のソースをかけ、ディルを散らす。リンゴンベリージャムをつけながらいただく。

FELIX

ピッティパンナ

冷蔵庫に残っているもので作る、スウェーデンの冷蔵庫お掃除メニュー。
「ピッテ」は小さなもの、「パンナ」はフライパンなので、
小さく切った野菜のフライパン炒めという意味。
材料に決まりはないのですが、りんごを入れるのがアニタママ流で、
甘味が加わっておいしくなります。昼にも、夜にも登場するメニューです。

材料（2人分）

じゃがいも … 3個

A
- たまねぎ … ¼個
- ソーセージまたは厚切りベーコン … 150g
- りんご … ½個
- にんじん … ½本

目玉焼き … 2個

バター … 10g

赤ビーツ缶詰、パセリのみじん切り（あれば）… 各適量

塩、粗びき黒こしょう … 各少々

作り方

1 じゃがいもは丸ごと串がすっと通るくらいにゆでる。
冷めたら皮をむいて、1cm角に切る。Aの材料もすべて同じサイズに切る。

2 フライパンにバターを中火で熱してたまねぎを炒め、しんなりしたら取り出す。
同じフライパンににんじんを入れて炒め、火が通ったら、
たまねぎを戻し入れ、じゃがいもを加えてさらに炒める。

3 野菜が色づいてきたら、ソーセージ（またはベーコン）、りんごを加えて炒める。
じゃがいもに焦げ色がついたら、塩、こしょうで味をととのえる。

4 皿に3を盛り、目玉焼きをのせる。あれば、パセリを散らし、ビーツを添える。

スウェーデンではゆでたポテトが余っているときに作るメニュー。肉類は、鶏肉でも豚肉でも、サイコロ状に切れるものならなんでもOKです。クネッケ（p.176参照）にバターを塗っていっしょに食べることが多いよう。

ルバーブのクランブルパイ

スウェーデンでは、6月になるとスーパーにルバーブが並びはじめ、
初夏の訪れを感じさせます。このパイは、アニタママがよく作ってくれるもの。
小学校で作り方をならうこともあるくらい、
スウェーデンの家庭では定番なのだとか。さくさく食感とルバーブの
甘酸っぱさがおいしいです。パイと呼びますが、パイ生地は作りません。

材料
ルバーブ … 4本(200g)
小麦粉 … 135g
砂糖 … 大さじ3
バター … 100g
バニラアイスクリーム … 適量

作り方
1　ボウルに小麦粉と砂糖大さじ1を入れて混ぜる。
ころころに切った冷たいバターを加えて、指先を
こすり合わせるようにしながらバターと粉をすりつぶすように合わせる。
粉っぽさがなくなり、生地がそぼろのような、粒状になってきたらＯＫ。
2　ルバーブは長さ2cmほどに切り、生のまま耐熱皿に入れる。
砂糖大さじ2を加えて混ぜる。1のクランブル生地を上にのせ、
220℃に予熱したオーブンで20～25分、こんがり色がつくまで焼く。
熱いうちに取り分け、アイスクリームを添える。

酸味が強いお菓子なので、スウェーデンでは、市販のカスタードソースをかけますが、日本ではバニラアイスで代用。ルバーブが手に入らなければ、りんごやブルーベリーでもおいしい！　その場合は、りんごやブルーベリーにかける砂糖を半量にするだけで、ほかは同様でOK。りんごはシナモンを少し追加すると香りがよくなります。

3章

時間と気持ち

なにもしないを楽しむ、ぜいたくなノルウェーの夏休み

ノルウェーに住んでいたある日のこと。貯金口座を見てみたら、覚えのない入金がありました。それもなかなかな金額です。うれしいものの、あれ、なんのお金だったっけ……?

そこには、「feriepenger（フェーリエペンゲル）」と書いてあります。夫に聞いてみると、ノルウェーでは夏休みがはじまる前に、前年に働いた分のおおよそ1カ月分のお給料をもらえる仕組みがあるのだとか。

もともとノルウェーは税金が非常に高い（消費税の基本は25%）という状況はあるものの、毎月コツコツ貯金をしなくても、夏休みを楽しむお金があるなんて！まるでお小遣いをもらった子どもみたいに、ホクホクした気持ちになったのでした。

住んでからわかったことは、北欧の人たちは夏休みに挑む本気度が違うこと。会

社によっても多少違いますが、有給休暇はおおよそ5週間。北欧がいちばん気持ちのいい季節である、7月前後にまとめて取る人がほとんどです。そんなわけで、7月が近づいてくると、「夏休み、なにするの?」という話題でもちきりになります。

こんなにみんなが休んでいたら、どうやって会社がまわるの? と思うのですが、どうやらこの1カ月はいろんなことが上手くまわっていない様子。バスの本数はグンと減り、街に行くとレストランは閉まっていることも多く、役所に手続きに行けば、「今日は担当者がいないよ」といわれる始末。それでも不満をいう人は、あまりいないように見えます。というのも、自分も休んでいるからお互いさま!と思っているみたいで、1カ月間のいろんな不便に目をつむっているのです。

それでは、ノルウェーの人たちは夏休みになにをしているかといいますと、多くの人たちは「hytte(ヒュッテ)」と呼ばれる別荘で、家族とゆっくり時間を過ごします。別荘と聞くと、リッチなイメージですが、こちらではちょっと違います。寝る場所と小さなキッチン、あとはリラックスするスペースがあるくらい。最低限の設備しかない、自然の中にある「ちょっとした小屋」といったほうがぴったりかもしれません。自分でヒュッテを持っている人もいますが、親戚や家族で共有して使っていたり、地域のコミュニティセンターで借りたりする人も多いそう。

自然に囲まれたヒュッテに長期滞在し、近くの森を散歩したり、ゆっくりと本を読んだり、はたまた、キャンドルの前で夜通しおしゃべりをしたり。つまり、夏休みは「なにかをしに行く」というよりも、「なにもしないを楽しむ」といったほうが近いかもしれません。

もちろん外国へ旅行に行く人もいますが、「ビーチで日焼けをしてゆっくり過ごしていたよ」という人が多く、やはり、場所は違えど、のんびり過ごしている様子(ちなみに、夏でも肌寒い日もあるノルウェーでは、夏休みにあたたかい国に行って日焼けをするというのが最大の自慢話なのだとか)。

ふと、自分のことをふりかえってみると、ゆっくりと過ごした旅行なんて、したことがあったでしょうか。旅行に出かける前はガイドブックを読みあさり、行きたい場所やお店を調べ、さらにはお土産までリストアップするという準備万端ぶり。旅行中はあちこち走りまわり、ヘトヘトになって帰ってくることがほとんどです。

そんな私たち夫婦ですが、ちょうどノルウェーから日本に帰国したタイミングで、夫の休みがぽっかり3週間とれまして。急遽《きゅうきょ》、タイのチェンマイに行くことに。帰国したばかりで忙しく、現地のことを調べる余裕もなく、そのまま出発。私たちにしてはめずらしく、予定の決まっていない旅のはじまりでした。

そのおかげで、宿のまわりを夫とふたりでぷらぷら散歩したり、カフェでゆっくり過ごしたり。宿の部屋でただただ、ぼーっとしたり。とにかく時間だけはたっぷりあったので、夫といろんなことを話しました。

今の生活のこと、悩んでいること、これから挑戦してみたいこと、将来のこと……。どこでも話せることですが、きっとこの非日常な場所だからこそ、気持ちも完全にリラックスして、話しやすかったんだろうなと思います。チェンマイから帰ってきてしばらく経つのに、いまだに夫と「いい旅だったねぇ～」と話すほど、思い出深い旅になりました。

そして、あの旅行に行って以来、ノルウェーの人たちが旅先で「ゆっくり過ごす理由」がちょっとわかったような気がするのです。「いつか1カ月間別荘を借りて、思いっきり『なにもしない』を楽しんでみたいねぇ」と夫とよく話しています。

ノルウェーの人たちの夏休みの過ごし方から学んだこと

1 旅先は1つのエリアに絞る

せっかくの旅行なので、いろんなところに足を運びたくなりますが、あえて同じ宿に長期滞在するようになりました。移動費はかからないので、お金の節約になりますし、なにより現地に住んでいるみたいにゆっくりと過ごすことができます。

2 キッチン付きの宿に泊まる

民家などに宿泊できる「Airbnb」で、キッチン付きの宿を探すようになりました。スーパーで現地のフルーツやお惣菜を買ってきて、宿の部屋で食べるとまた違った体験に。レストランで食べるよりも、案外、宿の部屋で作った、なんてことない朝ごはんのほうがいい思い出になっていたりします。

3 1泊2日のお気軽キャンプ

日本にはバーベキューやキャンプ道具一式を貸してくれるところがたくさんあることに気がつきました。北欧の人たちのように1カ月も別荘で過ごすのはハードルが高いので、近くのキャンプ場から「なにもしない」を楽しんでみようと思っています。

4 月2回、家計簿チェックをする

月の半ばと終わりに、「今月はいくらお金を使ったのか」の家計簿チェックをするようになりました。年に1度は旅行に行きたいので、いくら貯金ができているのかを夫婦で確認。使い過ぎているときは、外食や買い物を控えます。

北欧の時短家事テクニック。そのコツは合理性にある？

スウェーデンに住んでいる、夫のお姉さんの家に遊びに行ったときの話です。お昼の時間が近づいてきたので、ランチをごちそうしてもらうことに。キッチンで手際よく料理の腕をふるってくれたのは夫のクリスチャン。料理が趣味で、毎日のごはんは彼がほとんど担当しているのだとか。さすがスウェーデン、男女平等の国だわ～と感心したのでした。

しばらくしてわかったのは、多くの家庭では「好き」を基準に家事分担をしているということ。その他の家事は、きっちり交代制にするのがルール。妻が料理担当、夫は庭仕事の担当という家庭がやっぱり多いようですが、あくまでも男女関係なく、「好き」を基準に決めているところがいいなと思います。

北欧では共働きの家庭が多いので、家事をいかに効率的にこなすかということは非常に重要。短時間で家事を終わらせるために、北欧の人たちが共通してやっていることがいくつかあることがわかってきました。

家事で大きな時間を費やすことの1つは、スーパーの買い出し。その時間を短くするために、多くの人は「1週間分のまとめ買い」をします。スウェーデンに住む夫の両親はいつもスーパーに行く前に、トイレットペーパーやゴミ袋など、家中の日用品をチェック。また、1週間分の献立もざっくりと考えて、必要なものをすべてメモに書き出してから、スーパーに向かいます。そうすることで、家事の時間が省けるのはもちろん、物価の高い北欧でも節約することができるというわけです。

スーパーに行くと、真剣な表情で献立の相談をしているファミリーがいたり、メモを片手に必死に買い出しをしている人がいたり。北欧ではスーパーに挑む意気込みが違うわ〜と、毎回おどろかされるのです。

また、家事の時間を短縮するために、北欧の家庭に必ずといっていいほどある家電が2つあります。それは、「食器洗浄機」と「洗濯用乾燥機」。この2つはひとり暮らしのアパートに設置してあることもめずらしくないほど、北欧では必須の家電。今まではあったらいいなくらいに思っていた私ですが、ノルウェーに住んでいたときに毎日のようにお世話になってからというもの、家事人生が変わった！というくらい、時短かつ気持ちもラクになることを実感。今ではないと困るものだと思うようになりました。

最後は、なんといっても「料理の時間」。毎日、多い日は3食作らないといけない料理。北欧の人たちは料理が好きか、特別な日などではない限り、手間のかかる料理を作る人はあまりいません。料理に費やす時間を北欧の人たちくらい短縮できたら、家事がうんとラクになるだろうと思いつつ、日本人の私はここが捨てきれない気持ちもよくわかります。料理のことについては、別のページでくわしくお話ししていますので、そちらを読んでもらえたらと思います（66ページ参照）。

北欧に暮らす人たちを見ていて感じるのは、家事に対してとても合理的に考えていること。毎日のことなので、「きちんとていねいに家事をする」というよりも、「いかにラクをして短時間で終わらせられるか」ということを重視している人が多いように感じます。

　大事なのは、家族でゆっくり過ごすこと。そして、自分の時間もきちんと持てること。みんながみんな、そこにまっすぐに向かっているのです。忙しいと目の前のことにいっぱいいっぱいになりますが、そんなときにこそちょっと立ち止まって、「自分にとってなにが大切なのか？」を考えるようにしたいなと思っています。

家事をちょっとラクにするために、実践するようになったこと

1 夫婦で買い物リストのシェア

「iPhone」のリマインダー機能を使って、日用品や食材の買い物リストを夫婦でシェアするようになりました。トイレットペーパーなどの日用品は、なくなりそうと気がついたタイミングでメモするのがルール。オンラインでシェアしているので、お互いにどこでも追加や確認ができ、買い忘れもぐんと減りました。

2 日用品は一カ所にまとめておく

買い物に行く前に日用品の在庫状況をチェックするようになりました。確認しやすいように、ティッシュからシャンプーまで日用品の買い置きは一カ所にまとめています。家中を確認しなくても、すぐになにが足りないのか、目で見てわかるようになりました。

3 スーパーの買い出しは週に1度

1週間分の献立を考えて、週に1度まとめ買いをするようになりました。ここで頑張ればあとでラクになる！と自分に言い聞かせて、買い出しリストを作っています。家事時間が短縮できるのはもちろん、1週間分の献立が決まっていると安心です。

4 洗濯用乾燥機に助けてもらう

ノルウェーから日本に帰ってきて、すぐに洗濯用乾燥機を購入。子どももいるので毎日のように洗濯しないといけないのですが、「干さなくていい」「天気を気にしなくていい」と思うだけで、洗濯に向かう気持ちをぐんとラクにしてくれています。

ノルウェーのオフィスは、カルチャーショックな毎日。

大学生のころに日本に留学をしていた夫は、卒業してすぐに東京の会社で働きはじめました。以来、何回かの転職を重ねつつも、日本の会社に10年ほど勤務。スウェーデン人といえども、日本人的な仕事の進め方がすっかり体にしみこんでいました。

そんな夫がノルウェーに引っ越して働くことに。はじめての北欧の会社です。仕事がスタートしてからは、カルチャーショックの毎日だったようで、家に帰ってくると興奮気味に1日のできごとを報告してくれます。

「同僚が『美容院に行くから、早退します』といって帰っちゃった。病院じゃないよ、美容院だよ？」

「今日のミーティングで、同僚が上司にズバズバ意見をいっててびっくりしちゃった。でもそのおかげで、いい解決方法が見つかったんだよね」

こんな感じにスウェーデン人なのに、北欧の働き方に日々おどろきだった夫。その他にも、子どもの具合が悪いときは男性だって在宅で仕事をするのはあたりまえだったり、オフィスにはスタッフの子どもが毎日のように遊びに来ていたり……。北欧の人たちの働き方を見ていると、仕事に合わせているのではなく、自分の家庭や暮らしがいちばんの軸になっているように感じるのです。

北欧では働きやすい環境があたりまえのようにあっていいなぁと、そんな話を聞くたびに思っていました。でも、どうやら、あたりまえに手に入れているわけでもないようなのです。

例えば、ノルウェーのほとんどの会社は8時スタートが基本。はじめて聞いたときは、早い！と思ったのですが、それには理由があります。朝早くから働けば、そのぶん仕事も早く終わる。そうすることで、家族と過ごす時間もきちんと確保できるのです。ちなみに、多くの会社は8時にはじまり、16時に終わります。

また、おどろいたのはランチの時間はたった15分だということ。夫の会社は社員食堂があり、そこでスープ、パン、サラダなどの簡単なものをささっと食べて、すぐに仕事へ戻ります。夫は日本の食事を楽しむ文化が無性に恋しかったようですが、ランチの時間を省略することで、仕事が時間通りにきちんと終わるなら、この犠牲はしょうがないかなと次第に思うようになったのだとか。

他にも、オフィスの中心にソファが置いてあるリラックスルームがあり、10分間コーヒーを飲みながらスタッフ同士で談笑することで、仕事のメリハリを作ったり。打ち合わせは必要最低限にして、集中して作業できる時間を確保したり。また、ひとりひとりのスタッフの責任範囲が広いので、仕事のスピードが速いというのも大きいようです。

つまり、彼らは「効率的に働くこと」をつねに意識しているのです。効率よく働くことで、短い時間で仕事が終わる。そこにみんながみんな、まっすぐに向かっているんだなと感じました。

北欧に住んでからは、自分の暮らしを大切にしながら働きたいと、今まで以上に強く思うようになりました。そして、日本に帰国してから、夫婦そろってフリーランスとして家で仕事をはじめることを決意。娘が生まれたこともあり、子どもが小さいうちは家族でたくさん時間を過ごしたいと思ったことがきっかけです。

でも実際にやってみると、子どもがいながらの自宅仕事は思っている以上にたいへん……。ずっと家にいるので仕事モードへの切り替えもなかなかむずかしいですし、集中したいのに、子どもが走りまわっていて仕事が進まない～！なんてこともしょっちゅうです。結局は締め切り前に夜遅くまでパソコンに向かう日もあったりして、あれ、本当に暮らしを大事にできてる？　なんて思うことも実はよくあります。

それでも、夫といっしょに子育てができ、毎日のドタバタをふたりでなんとか乗り切ってこられた！という実感は、なににも替えがたいなとも思うのです。

そんなわけで、いそがしく猛スピードで毎日が過ぎていく中、今まさに「短い時間で、効率よく働く」というのは私たち夫婦の最重要課題。ノルウェーで学んだことを思い出しつつ、なんとか毎日を乗り切っています。

BenQ

ノルウェーから学んだ
効率よく働くためのヒント

1 スタンディングデスクで作業

ノルウェーで夫が働いていたオフィスでは、スタンディングデスクが採用されていました。立ちながら作業できると、血行もよくなって集中力が高まるのだとか。日本に帰国してすぐに「イケア」で昇降するタイプのスタンディングデスクを購入。集中タイムは、ふたりとも立って作業することが多くなりました。

2 アプリで夫婦のスケジュール共有

仕事の打ち合わせから友人と会う予定まで、お互いのスケジュールを「Google カレンダー」で共有するようになりました。そうすることで、事前に準備ができますし、相手の予定を把握していると、確認が不要になり、自分のスケジュールも立てやすいです。

3 仕事から完全に離れる、コーヒー休憩

仕事をしていて頭がぐるぐると動いているときは、そのまま作業を続けたくなりますが、あえてお茶をいれたり夫と談笑したりして、短くても完全に仕事から離れる時間を作るようになりました。しっかり休憩したほうが、いいアイデアが浮かぶことも多いです。

4 朝早くから仕事をスタートする

娘が寝ている間、朝の6時にむくっと起きて、メールを確認など、仕事の整理をするようになりました。たった1時間でも、集中できる貴重な時間です。早くはじめたら、早く終われる！と自分にいい聞かせて、眠い目をこすりつつ、頑張って起きています。

自分だけの時間、夫婦だけの時間。ご機嫌に過ごすために必要な条件

子どもが生まれたら大変だよ～と友人がよくいっていました。自分の時間なんてなくなるよ、今のうちに好きなことをしておいたほうがいいよ～、とも。

そう聞いてはいたものの、私たちならきっと大丈夫！と、なぜか不思議な自信だけがありました。そして、娘が生まれたその日から、夜泣きで何度も起こされる新しい生活がはじまったのです。

オムツを替えて、ミルクをあげて、料理を作ってなんてしていると、気がついたら夜になっていて。家の中が散らかっているのなんて日常風景。子どもがすぐ泣くので、ゆっくりごはんを食べたのだっていつのことか覚えていないくらい。なによりも辛いのは、寝不足。こんなに寝られないことが辛いなんて知りませんでした。

そんなある日、ふと鏡を見たら、髪はボサボサですっぴんの、疲れ果てた自分が

そこに立っていました。

なんだかどっと老けたような……。

このままじゃいけない！と、必死にスキンケアを再開してみるも、3日目あたりから忙しさに負けて、自分のことは後回しに。それならば、家事をもっと夫に頼もう！と、皿洗いやそうじをお願いしてみるも、その間は私が子どもを見ているので、あまり忙しさも変わらない。そもそも、仕事で忙しそうな夫を見るとちょっと頼みづらいというのもあります。じゃあ、早起きしてみるか！と試してみるものの、もともと寝不足なのでけっきょく昼寝してしまい、体はさらにズーンと重くなる。

結局なにをしても、あまり状況が変わらないような気がして、私ひとりだけ頑張っているようなみじめな気持ちになっていました。そんなモヤモヤがつもりにつもって爆発し、夫に大きな声できつい言葉をいってしまったことも、1度や2度じゃありません。ひどいことをいっちゃう自分にも嫌気がさして、さらに落ち込むという、まさに悪循環。

あれ、どうしちゃったんだろう……。このまま私たちはうまくやっていけるんだろうか。

そんなある日のこと、朝ごはんを食べていると、突然夫から、「今日はひとりでゆっくりどこかに行ってきたら？」といわれたのです。

なんにでもピリピリしていた私は、夫のやさしい提案にも冷たく、「いやいや、家もぐちゃぐちゃだし。じゃあ、誰が片付けるの？」と牙をむく始末。そんな私の言葉を受けても、いいから行っておいで～と、夫はなにごともないような表情で送り出してくれたのでした。

行き先は決めていなかったのですが、なんとなく足が向かったのは家の近くの本屋。最近ゆっくり本を読む時間もなかったから、知らないうちに新しい本がたくさんならんでいます。ぐるっと一周して、目についた雑誌を手に取り、隣接しているカフェでコーヒーを飲みながら読むことにしました。

コーヒーを飲みつつ、雑誌をぺらぺら。

気がついたら、料理のページに夢中になっていて、素敵なインテリアにときめいている自分がいました。家のことも子どものことも忘れて、自分の世界に完全に浸れる久しぶりの時間でした。

カフェにいたのは1時間くらいでしょうか。短い時間だったのに、カフェから出るときはすっかり気持ちも晴れやかで、なんだか足取りまで軽くなった気分。ちょっと大げさかもしれませんが、こんな時間があればドタバタな毎日でも、生きていけるんじゃないかとさえ思えてきたのでした。

そのとき頭にピーンとひらめいたのが、「そうか、私に必要だったのは『自分の時間』だったんだ！」ということ。あまりにもあたりまえなことに今さら気がついて、視界が一気にぶわーっと広がったような気分でした。

そんなときに、ふと思い出したのは、北欧で出会った人たちのこと。ノルウェーに住む元ご近所さんは仲良し夫婦なのですが、仕事後の散歩はひとりで行くと決めていて、家の近くを20分ほど音楽を聞きながらひとりで歩くのが日課でした。

また、スウェーデンに住む友人は、パンを焼くのが趣味。子どもが生まれてからは毎日バタバタしているようですが、「ひとりでパンをこねている時間が癒しなのよ」といっていたことを思い出します。

彼らは忙しくても、自分の時間を確保することの大事さを知っているような気がするのです。また、子どもがいるファミリー同士で協力して、当番制で子どもを預け合い、夫婦ふたりの自由な時間を作っているという話もよく

聞きました。つまり、「自分の時間」だけでなく、「夫婦の時間」も大事にしている家庭が多いんだろうなと思います。

あらためて自分をふりかえってみると、「家族の時間」を優先しすぎていて、その他はぜんぶ後回しにしちゃっていたのかも。欲張りかもしれませんが、自分がご機嫌に毎日を過ごすためには、家族の時間も、自分の時間も、夫婦の時間もどれも外せないものなんだろうな、と。子どもが生まれてから、自由に時間が使えなくなって、あらためて痛いほど感じたのでした。

今後も忙しくてイライラしちゃったり、こころがぐらぐら揺れているなと感じたりすることがたくさんあるだろうなと思います。そんなときは、自分の時間がちゃんととれている？　夫婦でゆっくり過ごす時間はきちんとある？　と、まずはそこからチェックしてみようと思います。

自分がご機嫌でいられるように気をつけていること

1 自分の世界に浸る時間

今日はひとりの時間がほしい！と感じたときは、その日の朝に夫に声をかけるようになりました。ひとりで近くの本屋さんに行ったり、カフェでコーヒーを飲んだり。近くの公園を歩くことも。30分でも、1時間でも、他のことに意識を取られず、ただただ自分の世界に浸れる時間があるだけで気持ちがラクになります。

2 たまには夫婦ふたりの時間を

子どもが生まれてからはすっかり夫婦ふたりの時間が少なくなりました。お互いの両親は遠いところに住んでいますし、今は子どもが小さいからとあきらめていましたが、市で運営しているベビーシッターサービスがあることを知りました。こういうサービスを使って夫婦ふたりの時間を作るのも大事だな、とただいま検討中です。

3 ママ、パパだけにならない

子どもが生まれる前に夫から、「夫婦の間ではママやパパと呼ばずに、お互いに名前で呼び続けようね」といわれました。子どもにとってはママやパパになるけれど、ずっと夫と妻でいることも忘れないようにしようね、と。印象的な言葉で今でもときどき思い出します。小さなことですが、ちょっと意識が変わりました。

楽しみは自分で作る。休日が充実する小さなアイデア。

ノルウェーに引っ越してからというもの、休日がとても長～いのです。日曜日はカフェやレストラン、さらにはスーパーさえも閉まっていることがほとんど。街全体がねむってしまったかと思うほど、シーンと静かです。

東京に住んでいたころは、休日になると電車に乗ってカフェや雑貨屋巡りをするのが楽しみだった私には、この静かな日曜日になにをしたらいいものか……。引っ越したばかりのころは、夫とともに家でぼーっとテレビを見ながら過ごしちゃうこともしばしばでした。

それでは北欧の人たちはどうしているのかといいますと、ハイキングに出かける人もいれば、料理を楽しんだり趣味を楽しんだりする人も。特別なことはしていないように感じますが、実はちょっと違います。しばらく住んでからわかったのは、北欧の人たちはなんとか休日を楽しもうと「小さな工夫をしている」ということ。

例えば、「コーヒーを持って山で飲もう！」といって、コーヒーポットとクッキーなどの甘いものをリュックに入れてハイキングに出かけたり。はたまた、「鴨にあいさつにいきましょう！」といって、家にあるパンの残りを袋につめて、近くの川まで出かけたり。夏の終わりにはベリーを摘んでジャムを作り、秋にはきのこを採取して料理をすることも。つまり、北欧の人たちは散歩に1つプラスして、アクティビティ化して楽しんでしまう天才なのです。

食事だって、毎日家で食べていたらちょっと飽きてきます。そんなマンネリを救ってくれるのが、バーベキュー！　バーベキューと聞くと、準備するのがたいへんなイメージですが、北欧ではとっても気軽。いつでもすぐに使えるように、多くの家ではベランダや庭にグリルが出しっぱなしにしてあります。ガスのグリルが一般的で、ふたを開けてスイッチを入れれば、あとはお肉や野菜をのせるだけ。外で食べるだけで、シンプルな料理だっておいしくなり、特別な時間が過ごせることを、北欧の人たちはよく知っているのです。

その他には、友人を家に誘って料理を作ったり、子どもたちといっしょに庭いじりをするなど、自分たちで楽しみを見つけています。北欧の人たちは遊びの天才！毎回その工夫とアイデアに、すごいわ〜と感心させられるのです。

はじめはノルウェーの静かな休日に戸惑っていた私たち夫婦も、しばらく住んでいるうちに、「事前に計画を立てて、準備をする」のが習慣になりました。必要なものがあれば、スーパーが休みになる日曜日までに買い出しをしておくのです。

日本では大体いつでもほしいものは買えますし、外食や、カフェに行くのだって気軽です。自分で頑張らなくても、まわりに楽しい刺激がある。そんな環境にすっかり怠けてしまっていた私は、楽しみに関しては完全に「受け身」だったんだなと気がつきました。

そして、北欧の人たちが自分の好きなことをよく知っているのも、この休日の過ごし方ときっと関係があるんだろうな、とも。そんなことを思うようになってから、週に1度は北欧流に静かな休日を過ごそうと決めています。

ノルウェーに住んでから変わった、休日にやるようになったこと

1 家族でストック食材作り

皮から手作りして、家族みんなで餃子のストックを作るようになりました。手作り餃子は思っていたよりも簡単で、なにより自家製の餃子の皮はもちもちで本当においしい！　当日食べない分は、冷凍保存して平日の夕飯に。『ウー・ウェンの小麦粉料理 餃子 春巻 焼売』（高橋書店）という本を参考にしています。

2 好きな食べ物は一から自分で作る

ノルウェーに住んでいるときに、物価が高く、お店も少ないので、「食べたいものは自分で作る」という習慣がつきました。ピザは夫婦そろって大好きなメニュー。ちょっと時間はかかりますが、生地やミートソースは手作り。あとは好きな具だけをのせて、オーブンで20分ほど焼きます。自分で作るようになると、お店で食べるときも「あ、これ真似しよう！」と思うなど、新しい視点ができるようになりました。

3 プチDIYに挑戦してみる

ほしい大きさの棚や額縁が見つからないときは、ネットで作り方を調べて、簡単なDIYに挑戦するようになりました。ホームセンターに行けば大体の材料はそろいますし、最近ではのこぎりや工具などを無料で借りられてびっくり。多少不格好でも自分で作ると愛着が湧きますし、一から作らなくともペンキで棚の色を変えるだけでも楽しいです。

シンプルで合理的な、北欧のエコシステム。

ピンポーン！　ノルウェーの家に住んでいたある日のこと、突然家のチャイムが鳴りました。玄関のドアを開けると、そこにいたのは10歳くらいの男の子5人。ワクワクした目でこちらを見ています。

「こんにちは！　ぼくたちはサッカーチームのメンバーです。空き缶とペットボトルを集めているので、わけてもらえませんか？」

廃品回収かなと思いつつ、ちょうど家にいくつかあったので、「ちょっと待っててね！」と伝えて、いそいそと空き缶を取りに部屋へ戻ります。玄関に戻り男の子に渡すと、「Takk!（ありがとう）」といって、5人でこちらに手を振りながら帰っていったのでした。

仕事から帰ってきた夫に子どもたちのことを伝えると、「わー、懐かしい！」と一言。夫も子どものころ、遠足に行くお金を集めるために、空き缶をご近所さんからよく回収していたのだとか。遠足のお金を空き缶で？と疑問だったのですが、よくよく聞いてみると、北欧のエコシステムと関係があるといいます。

ノルウェーに限らず北欧では「パント」という仕組みがあり、ペットボトルや缶を買うときにボトル代としてお店にいくらか支払わないといけません。そのかわり、リサイクルすると、支払った金額は戻ってくるという仕組みです。大きさによって変わりますが、1つにつき、おおよそ1～3パント。日本円にすると13～38円ほどでしょうか。たくさん集めるとなかなかな金額になります。このパントの仕組みは効果抜群のようで、北欧では空き缶やペットボトルが道端に転がっているのをほとんど見かけたことがありません。

というわけで、子どもたちが旅行や遠足に出かける資金を集めるため、そして、リサイクルのシステムを学ぶために、空き缶を回収するのは北欧ではよくあることなのだとか。ときには若者が旅に出る資金を集めていることもあるらしく、なんて夢のある仕組みなんだろう！とワクワクします。

あの子どもたちもリサイクルで得たお金で、きっとサッカーチームの遠征に出かけるんでしょうね。どこに行くのか聞いておけばよかったなぁ。

話は変わりますが、エコな取り組みに関していうと、こんなこともあります。スウェーデンのスーパーでよく見かけるのは、バナナを食べながら買い物をしている子どもたち。なぜバナナ？　かといいますと、輸送中やお店に出している間に傷んでしまったバナナを、無料で子どもたちに配っているお店が多いのです。バナナを食べている間は子どもたちも静かにしているので、親は買い物がしやすい。さらに、スーパーだって廃棄するよりも、誰かに食べてもらったほうがきっといいはず！　みんなにハッピーな仕組みだなと思います。そんなことを知ってからは、スーパーで子どもたちが満足そうにバナナをかじっているのを見かけるたびに、思わずニンマリしてしまう私でした。

また、その他にも、ペットボトルの飲み物はそもそも北欧では値段が高いので、多くの人は自然とマイボトルを持って出かけるようになっています。スーパーの買い物袋だって、50円はするのでエコバッグは必須！　さらには、洋服やおもちゃなどの不用品はガソリンスタンドやスーパーの横に、次ページの写真のような回収ボックスが置いてあり、買い物のついでにリサイクルができるようになっています。

北欧のエコシステムはリサイクルするぞ！と意気込むわけではなく、さりげなく生活の中にリサイクルの仕組みがあるという印象。なぜここまで北欧でエコの考え方が浸透しているんだろうと疑問に思って夫に聞いてみると、こんな返事が返ってきました。

「自然が家の近くにあるから、意識することが多いのもあるだろうね。あとは、北欧の人たちは、時間とこころに余裕があるからかな？　余裕があると、だれかに優しくできるでしょ？」

そんな返事を聞いた私は、なるほど……と思いながらも、時間とこころの「余裕」という言葉にドキッとしました。私はちゃんとだれかに優しくできているかしら……と、思わず、自分の暮らしに思いを巡らせたのでした。

TACK FÖR DINA KLÄDER
TEXTIL KLÄDER SKOR
Folk Hjälpen
VID FRAGOR RING GÄRNA
73 630 28 07
www.folkhjälpen.se
TEXTIL KLÄDER SKOR
Folk Hjälpen
VID FRAGOR RING GÄRNA
73 630 28 07
www.folkhjälpen.se

北欧のエコな取り組みを見て意識するようになったこと

1 スーパーで買い物するときはパッケージをチェックする

スウェーデンの夫の両親はスーパーに行くと、卵なら平飼いされているか?、肉や牛乳はどこからきたか?、果物や野菜はローカルのものか?をかならずチェックしています。そんな様子を見てからは、私も環境や動物にやさしい商品を選ぶようになりました。

2 「肉を食べない日」を作る

環境のため、体のために、「肉を食べるのを控える」という考えは、北欧では多くの人が持っています。スーパーでも大豆製品などの肉の代替え商品がたくさん見つかりますし、小学校の給食もベジタリアンの日があるそう。私も今では意識をして、週に２日はベジタリアンの日を作るようになりました。

3 ユーズドアイテムにお世話になる

子どもの服は、「メルカリ」やフリーマーケットで買ったものか、友人からゆずってもらったものがほとんど。すぐに大きくなってサイズアウトしてしまいますし、安く手に入るので、ユーズドアイテムで十分だと思います。自分の洋服も古着屋さんでよく買います。

4 マイボトルを持参する

ノルウェーに住んでいたときの習慣で、今でも出かけるときはマイボトルを持参するようになりました。暑い時期は水か麦茶、寒い時期はあたたかいコーヒーやお茶をよくいれます。地球にはもちろん、お財布にもやさしいので続けたいと思っています。

子どもには、退屈な時間が必要？

夕飯をいっしょに食べようとお誘いをもらい、東京に住む友人の家にお邪魔することになりました。その日集まったのは、私たち夫婦、友人カップル、そして5歳の女の子がいる子連れファミリーの3組。持ち寄った食材をテーブルにずらりとならべて、さっそくカンパーイ！

最近のできごとや仕事のことでひとしきり盛り上がっていると、もじもじしながらとなりにやって来たのは、小さな女の子。そこから、私の横にピタッとくっついてなかなか離れそうもありません。大人だけでしゃべっていたら、そりゃ、さみしいよね……。友人夫婦も子どもがいるとなかなかゆっくりできないだろうし。よし、今日は思いっきり遊んであげるか！

勝手にスイッチが入ってしまった私は、はりきって折り紙をおり、ぬいぐるみと遊び、全力でおしゃべり。けっこう長い間、女の子と夢中で遊んでいました。

気がついたころにはいい時間になっていて、夕食の会はお開きに。みんなにバイバイをして、夫とふたりで家に向かって歩きはじめていました。ふー、今日もいい夜だったな〜なんてのんきに思っていると、夫から突然ぴしゃりと一言。

「女の子と遊び過ぎだよ！」

ひさびさに会えたのに、みんなで会話を楽しめなかったというのです。

予想外の言葉にむっとした私は、じゃあ、どうしたらよかったの？と聞くと、「『今はみんなと話しているから、ちょっと待っててね』といえば、わかってくれるよ。それに子どもだって退屈な時間も必要なんだからね」と。

そういわれてみると、みんなもひさびさに大人同士の会話を楽しみたかっただろうに。そんなことに気づいたら、急に恥ずかしくなってきて、その日はズーンと落ち込んで家へと帰ったのでした。

それからというもの、夫がいっていた「子どもだって退屈な時間が必要」という言葉が妙にひっかかって頭から離れません。あれは一体、どういう意味だったんだ

ろうか……。そんなときにふと思い出したのは、スウェーデンの子どもたちは1歳になったら自分の部屋を持つようになるということ。

ひとりで遊び、夜にはひとりで寝る子も多いといいます。1歳なんてまだまだ小さくてかわいそう！と思ってしまいますが、1週間もすればすぐに慣れてスヤスヤ寝るようになるのだとか。

北欧では子どもがひとりで過ごす時間は、「自分を育てる時間」としてポジティブに捉えられているのです。もちろん程度はあるものの、少しのさみしさや孤独は、「自分はなにを考えているのか？」「なにを感じているのか？」を知るために必要な時間だと考えられています。夫があの日の夜、私にいいたかったのはこういうことなのかなと、少しわかったような気がします。


月日が流れて、今では私も親になり、はじめての子育てに戸惑う毎日。ついつい子どものことを思うと、いろいろやってあげたくなるのですが、そんなときに、「子どもだって、退屈な時間が必要なんだよ」という、夫の言葉を思い出します。

子どもの個性がのびのび育つように、気をつけようと思っていること

1 子どもだって、自分のことは自分で決める

夫が小さかったころ、両親は「あなたはどうしたいの?」と繰り返し聞いて、子どもが自分で決めるまで、辛抱強く待ってくれたといいます。どのおもちゃで遊ぶのか?　というところから、どこに行きたいのか?まで、決めることはさまざま。自分の考えを整理して、相手に伝える練習です。時間がかかっても、子どもを待ってあげる親でいたいなと思っています。

2 「あぶない！」は必要最低限に

子どもが生まれてから、「本当に必要なとき以外は、『あぶない!』と言わないようにしようね」と、夫から何度か注意されました。あまりにも親が心配し過ぎると、子どもがのびのび遊べなくなっちゃうといいます。

3 子どものいいところは、とことん褒める

スウェーデンの両親が友人や知人に夫のことを話すとき、おどろくのはとにかく褒めること。すぐ横にいる夫は照れくさそうにしながらも、いつもうれしそうです。これくらい自分の子どもだって褒めてあげてもいいんだよな、と毎回思います。

いつもはカジュアルな北欧の女性が、ワンピースを着る日。

雨の日に北欧の街を歩いていると、おやっとなることがあります。それは、ほとんどの人が傘もささずに、雨の中を歩いていること。何度も見ているのに、いまだにその風景になかなか慣れません。

聞いてみると、いつ雨が降るかわからないのに、いちいち傘を持ち歩くのが面倒だと考えている人が多いそう。そのかわりに、ふだんからレインコートや防水加工されているジャケットを着ていることも多いといいます。レインコートといえば、かっこいいデザインがあまりないイメージですが、北欧ではちょっと違います。デンマークは「RAINS」、スウェーデンは「STUTTERHEIM」、ノルウェーは「Norwegian Rain」などなど、高機能でありながらデザインもシンプルでかっこいいレインコートがたくさん見つかります。普段着としても違和感がない、というか、むしろおしゃれなのです。

「天気の悪い日はない、あるのは悪い服だけだ」

これはスウェーデンでも、ノルウェーでも、何度も聞いた北欧のことわざ。くもりや雨の日が多い北欧ですが、きちんと天気に合わせた服装さえしていれば、雨や風だってへっちゃらだと考えているのです。

というわけで、洋服に関していうと、ジャケットは機能性を重視。その他は、シャツにジーンズといった具合に、シンプルな格好をしている人が多いように感じます。はじめは、シンプルなファッションが好きなのかな？くらいに思っていましたが、ノルウェーに住んでからその理由がよくわかるようになりました。

日本と比べると、そもそもお店の選択肢がとても少なく、気軽に買える値段のお店は数えるくらいしかない印象。ファッションに敏感な人ではない限り、自分のお気に入りのお店を2、3店舗まわったら、だいたい買い物が終わってしまうという人も多いのではないかと思います。

洋服が好きな人にとっては、さぞかし残念なことだろうと思いつつ、私にはこれがものすご〜く居心地がよかった。というのも、ちゃんと天気に合った洋服があって、あとはシンプルなものをいくつか持っていればそれで十分！と思えたことがすごく気楽だったから。

「今持っている洋服に満足する」という感覚が、なかなか東京に住んでいたころは持てませんでした。数え切れないくらいお店があるから、もっといいものがあるんじゃないか？とつねに思っていましたし。みんながキラキラして見えて、私もなにか買わなくちゃという、変な焦りもありました。

つまり、自分がどうしたいかというよりも、まわりに影響されて、なにかを買うことが多かったんじゃないかと思います。そんな私も、ノルウェーに住んでいるときは最低限の洋服があれば十分と思えて、そもそも物欲も湧かず。ファッションに関しては、すっかりお気楽モードになっていました。

そんなある日のこと、友人とバーでお酒を飲むことに。ひさびさの夜のお出かけにわくわくしていました。

約束のバーに到着しドアを開けた瞬間、なにか違和感を感じるのです。すぐにわかったのは、女性はシックなシャツやワンピース、男性はジャケットを着ているということ。いつもシンプルカジュアルな洋服を好むノルウェーの人たちが、よそいきの格好をしているではありませんか。

しまった！すぐに、そう思いました。というのも、私はいつもと変わらないスタイルで、ニットにジーンズ。足元なんてスニーカー。完全にまちがえた格好です。もちろん友人もおしゃれをしていて、黒のシャツに、ゴールドのネックレスをつけていてとても素敵でした。
楽しい時間のはずが、あまりにもリラックスし過ぎた自分のファッションに猛反省……。その日は恥ずかしい気持ちで、そそくさと家に帰ったのでした。

北欧の人たちはふだんはシンプルな格好をしていますが、バーに行くとき、ちょっといいレストランでごはんを食べるときは、みんながここぞとばかりにおしゃれを楽しんでいます。北欧は物価が高いので、外食はイベント。それを存分に楽しむためには、洋服も楽しまなくちゃと考えているのです。どうやら私は、ファッションに関してはちょっとリラックスし過ぎていたみたい。いつもリラックスしているぶん、ときにはオシャレを楽しむ日だって必要だなと反省したのでした。

ノルウェーに住んでから、
洋服についての意識が変わったこと

1 「なんとなく」で、買い物に行かない

北欧の人たちはあまり洋服を買わないぶん、買うときはかなり慎重です。ノルウェーに住んでから、私にも新しい習慣ができました。それは、色や形まで、ほしいアイテムをできるだけ具体的にイメージしてから買い物に出かけること。持っている洋服との組み合わせがじっくり考えられて失敗が減ったように思います。

2 サイズ選びを意識する

北欧の女性はいつもカジュアルな洋服を着ていますが、どこか女性らしさを感じます。それはなぜだろう?と考えたら、体にフィットするサイズの洋服を選んでいるからだと気がつきました。下半身が気になる私は、以前はゆったりめのパンツを選ぶことが多かったのですが、今ではスキニージーンズもよくはくようになりました。

3 たまの「おしゃれの日」を作る

記念日や誕生日などのタイミングで、家族でちょっとぜいたくなレストランや和食のお店に行くようになりました。和食のお店なら、個室の座敷で予約が取れるので、子どもがいてもゆっくりできます。その日だけは夫はカジュアルなジャケットをはおり、私はワンピースを着たりして、ちょっと特別に。少しおしゃれをするだけで、楽しみが倍に感じます。

愛情表現に悩む。わかりやすいくらいがちょうどいい？

こんなところで、あらためて告白するのもはずかしいのですが、私はドがつくほどのさみしがりです。とにかく、ひとりでいることが苦手。10年以上も前の話ですが、お付き合いしている男性がいるときは、時間があればなんとかしてでも会いに行こうとするタイプでした。こうやって書いているだけで、自分のことながら、なんてめんどくさい女なんだろうと思います（苦笑）。

そんなわけで、今まで付き合ってきた男性とうまくいかなかったり、ふられたりした原因は、だいたいが「もっと私に自立してほしい」という理由だったような。今でこそ、あんなこともあったねぇ～と友人たちと笑って話せますが、当時の私はわりと真剣に悩んでいて。なんとかひとりでも楽しく生きていけるように、なにかを見つけなくてはいけない、と必死だった覚えがあります。

そんなときに出会ったのが、今のスウェーデン人の夫。付き合いはじめた当初は、私は転職をしたばかりで、夫は社会人になりたてほやほや。慣れない仕事に毎日が一瞬で過ぎていき、家に帰るころには体もぐったり。お互いの家は電車でも1時間くらい離れたところにあったので、さすがの私も今日は疲れているし、会えなくてもいいか……なんて思う日がほとんどでした。

ところが、夫は仕事上がりでも電車に乗ってしょっちゅう会いに来ましたし、会えない日には「さみしい、さみしい」と電話でなげかれることもしばしば。

あれ、なんだか、今までのお付き合いとなにかが違うぞ……。慣れない感覚に戸惑う反面、自分も同じようなタイプなので、なんだかほっとしたことを覚えています。そんなわけで、夫と出会って以来、今までの憑きものがぽろっととれたみたいに、さみしいという理由で悩むことがなくなったのでした。

そして、いつの間にか夫との付き合いも長くなり、北欧に何度か行くうちに、気づいたことがあります。それは、てっきり夫はさみしがりだと思っていたのですが、これがもしかしたら北欧ではふつうなのかもしれないということ。

というのも、彼女や奥さんが旅行などに出かけてしばらく会えないときに、北欧の男性が「はぁ、さみしくてたまらない……」とため息をついているのを見たのも、1度や2度じゃ、ありません。

でも、北欧は子どものころから、自立が大切と考えている国。ただただ、さみしいというのも、ちょっと違う気がする。どちらかというと、男性・女性に関わらず、北欧の人たちは「愛情表現がわかりやすい」というほうが近いのかもしれません。

スウェーデンに住む夫の両親とひさしぶりに会うときは、いつも思いっきりぎゅー！っとハグをされます。ちょっと照れくさいけれど、どんな言葉をいわれるよりも、なんだか伝わるものがあるのです。

その他にも、年配のご夫婦もよく手をつないで歩いているのを見かけますし、スキンシップだけでなく言葉にして伝えるのもとても上手。逆に、日本では〝素直に伝えない不器用さ〟に愛を感じたりすることもあるくらい。なんて奥ゆかしい愛の表現なんだろうとあらためて思うのでした。

そしてふと、自分のことをふりかえってみると、いわなくても伝わるだろうとやっぱりどこかで思っていますし、なによりも、照れくさいというのが先に来る。今まで考えたことなかったけれど、夫と出会ってからは、もしかして私って愛情表現下手なのかも……？　なんて、ときどき思うこともあります。

夫はそんな「恥ずかしさ」や「照れ」の壁をひょいっと超えて、突然赤いばらの花束をプレゼントしてくれたり、いまだに出張などで会えない日はさみしがりますし（こんなこと書いているのがばれたら、夫に怒られそうですが）。

さすがに愛情表現が下手な私でも、受け取ったら相手になにかを返したくなるもので……。まだまだぎこちないことのほうが多いかもしれませんが、せめて大事な人には伝える努力をしたい！と思うようになりました。

夫はよくこんなことをいいます。

「北欧の人たちは、愛に生きているよ」

そんな風にいい切れるなんて、なんかいいなと思うのです。

気持ちを伝えるために
意識をするようになったこと

1 小さな家事に、言葉で感謝

お皿を洗ったあと、お風呂掃除をしたあと、夫は気がついたときに「ありがとう！」とよくいってくれます。毎日の家事はする側も、してもらう側も、お互いにあたりまえになりがちなので、意識をして言葉にしようと思うようになりました。

2 家族の好物をおみやげにする

どこかに出かけたときは、おみやげを買って帰るようになりました。夫はパンが好きなので、よくパンを買います。「出先でもちょっとだけ気にかけていたよ」のメッセージにもなりますし、自分も楽しみが増えてうれしいです。

3 親にこまめに連絡をする

夫がスウェーデンの両親に毎日のようにメールをし、よくテレビ電話をしているのを見て、私ももっと両親に連絡しなくては！とちょっと反省。子どもの写真や動画などといっしょに、近況報告をこまめにするようになりました。

4 「いいな」と思ったら伝える

毎日会っている夫でも、あれ、今日なんかかっこいいかも？と思う日があります。そんなときは「今日、かっこいいじゃん」「この洋服似合うねー」と、意識をしていうようになりました。ちょっと照れくさいのですが、自分がいわれてうれしいことは、相手にもしたいなと思います。

人付き合いにはちょっとの勇気とドライさが必要なのかもしれない。

バスが来るのをひとりで待っていました。その日、ノルウェーは大雪。あまりの寒さにじっとしていられず、今か今かとバスが来るのを待ち構えていました。すると、ふと、他のことに気を取られた一瞬のすきに、バスが私の横をササーッと通り過ぎて行くではありませんか。

うそ！　まさかの事態に、その場でひとり呆然と立ち尽くしてしまったことを覚えています。後になってわかったのは、バスが来たら「私乗ります！」というサインをそれとなく運転手に伝えるのがルールだということ。あのときの私に教えてあげたかった……。

また、ノルウェーのホテルで短期の仕事をしていたとき、こんなこともありました。数人で打ち合わせをする場面で、それぞれのアイデアを出し合うことに。すると、同僚同士の意見がぶつかり討論がはじまったのです。はたから見ているとけんかしているようにも見えて、思わず一歩引いてしまう私……。突然、「これについて、どう思う？」と聞かれた私は動揺してしまい、歯切れの悪い返事をして同僚たちからすっかりあきれられてしまったこともありました。

その他にも、友人たちと食事をしていたら、「この政治についてどう思う？」と聞かれて、日本ではあまり聞かれない質問にたじたじしてしまったことも。つまり、北欧では毎日の中で自己表現が必要と感じるシーンが多いように感じるのです。スウェーデン人の夫がいうには、子どものときから「自分の意見を持つこと・伝えること」が大事だと教わってきた背景があるのだとか。学校では討論の授業も多かったそう。また、北欧ではいろんな国の人が暮らしているので、意見や考え方が違うこともごくごく自然なことだと捉えている人が多いといいます。

住んでいるうちに気がついたのは、自己表現が日常の北欧の人たちは、お互いに「気が合う・合わない」というのがはっきりしているんじゃないかということ。そして、気が合わない相手とは、それ以上わかり合おうとせず、一定の距離を置いているという感じがするのです。

もしかして、北欧の人たちは人間関係についても合理的なのかも？　それがなんだか私にはなかなか慣れず、ちょっとさみしくもあったのでした。

でも、住んでいるうちに少しずつわかってきたのは、1度親しくなった相手とはつながりはかなり強い！ということ。ノルウェーで仲良くなった友人は、家族のことも悩みごともなんでも話してくれましたし、困っているときにはすぐに飛んできてくれたことも。今は日本とノルウェーと離れて暮らしていますが、いつも気にかけてくれているのを感じます。

北欧の人たちはたくさんの人にエネルギーを使わない分、家族や友人など、大事な人に対して100％の力で向き合っているのかもしれない。つまり、「大事な人のためにコミュニケーションの余力を確保している」という感じがするんです。

ふと、自分のことをふりかえってみると、みんなといい関係を築きたいと思っている私は、いろんなところにエネルギーを使っていて（むしろ振りまいているといったほうが近いのかも？）。はっきりいえないときはモヤモヤした気持ちがどこかにずっと残っていたり、まわりを気にし過ぎてどっと疲れちゃうことも。いろいろが重なって自分に余裕がないときは、まわりが見えなくなるもので……。家族に冷たくしちゃったり、数分でできることなのに、大切な友人に連絡することさえ後まわしに。そんな苦い経験がぽつぽつと頭に浮かんできます。

人はそれぞれコミュニケーションに使えるエネルギーが決まっているのかもしれない。北欧に住んでから、よくそんなことを考えます。そして、持っているエネルギーをどこに使うのか？というのは、自分次第でコントロールできるんだなということも。

私も大事な人にちゃんと向き合えるようになりたいなと思うようになりました。でも、ズバッと意見をいうのも自分の性格だと余計に疲れてしまいそうですし。相手にどう思われてもいいと割り切れるくらい、さっぱりしている性格でもない。自分にはどんな方法がいいんだろうか……と、いろいろと模索中です。

人付き合いで疲れないように意識をするようになったこと

1 反対意見だったとしても思わず身構えない

以前は友人同士の会話や仕事の打ち合わせなどで、自分と反対の意見をいわれると思わずビクッとしていました。どこかで「攻撃されている」くらいに感じていたような気がします。でも今では、まずは身構えずにきちんと話を聞き、こんな考え方もあるんだ！と発見させてもらった気持ちで受け止めるようになりました。

2 解決策を考えてから話す

なにか不満があるときは、私はこんなに頑張っているのに！といった具合に、ついつい感情論になってしまいがちでした。今では仕事だけでなく、家族の間であっても、相手にどうしてほしいのか？自分なりの解決策を考えてから話すようになりました。

3 察してくれるのを待たない

相手が気づいてくれないと、期待して待っている時間の分だけ余計に悲しくなり、怒りも倍増してしまう気がします。自分の考え、期待していることはきちんと言葉にしないと相手には伝わらないものだと意識をして、言葉にするようになりました。

4 いろんな国の文化をもっと知る

ノルウェーに住んでいたとき、いろんな国の人と話す機会があり、こんなにあたりまえが違うんだ！とびっくりすることばかりでした。その経験は自分の世界をぐんと広げてくれ、新しい視点をもらい、いろんなことがおおらかに受け止められるようになった気がします。

私の好きな北欧の街案内

デンマーク コペンハーゲン

デンマークの首都コペンハーゲンは、カラフルな古い建物が残る街。
カフェやインテリアショップがあちこちにあり、歩いているだけでわくわくします。

4

1

5

2

6

3

1 & 2. 街の様子　3.「Rikiki」は子ども服とキッズ雑貨がならぶ、小さなカフェ　4. オープンサンドがおいしい「Kompa'9」　5 & 6. こだわりのコーヒーが飲める場所はあちこちに　7. かわいいオリジナルのポスターが見つかる「STILLEBEN」　8. 赤いソーセージのホットドッグは名物

9. 「HAY」は洗練されたデザインの家具や雑貨がずらり　10. これぞ北欧デザイン！と思うアイテムがならぶ「ILLUMS」　11. スーパー「Irma」は、体にやさしくかわいいパッケージがそろう　12. なにを食べてもおいしいパン屋「HART BAGERI」

10

9

7

11

12

8

ノルウェー トロムソ

ノルウェーの北極圏にある、小さな街トロムソ。中心街はお店がぎゅっと集まり、
冬になるとオーロラを見に世界中から観光客が訪れます。

4

1

5

6

2

7

3

11

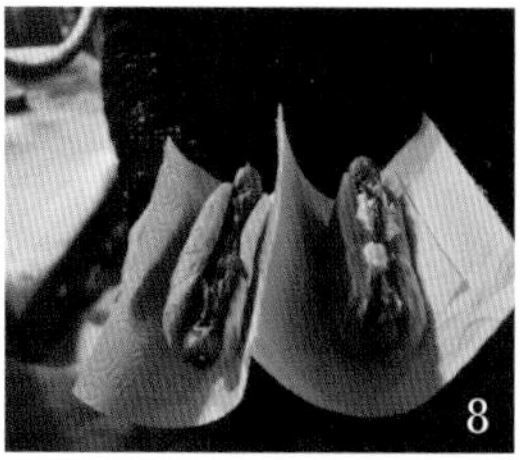

8

9

12

13

10

1. 冬の真っ白な雪景色　2～4. 木造の古い建物がたくさん残っている街
5. 「Mathallen」は特別な日に行きたいレストラン　6. ノルウェー料理を食べるなら「Emma's Drømmekjøkken」
7. 「Ølhallen」は地元のMackビールが飲めるパブ　8. 名物のトナカイ肉のホットドッグ　9. スープランチがおいしいカフェ「Smørtorget Kaffe & Mat」
10. 老舗の映画館「Verdensteatret」は、併設のパブもいい雰囲気　11. カフェ「Bryggejentene」は晴れている日にぴったり　12. おやつの時間は地元の人でにぎわう「svermeri kafe」
13. ゆっくりしたい日は「Kaffebønna」でコーヒーを

14. まわりが歩ける「Prestvannet湖」は、地元の人のお散歩コース。冬になると湖は凍ってスケートリンクに
15. 「Perspektivet Museum」 はトロムソの歴史がわかる小さな博物館
16. 北極圏に来たら、一度は体験したい犬ぞりツアー。昼のツアーは雪景色が楽しめ、夜はオーロラのチャンスも
17&18. 世界最北の水族館「Polaria」
19. 街の中心からも、9月から3月はオーロラが見える。雲がない日は高確率で出現

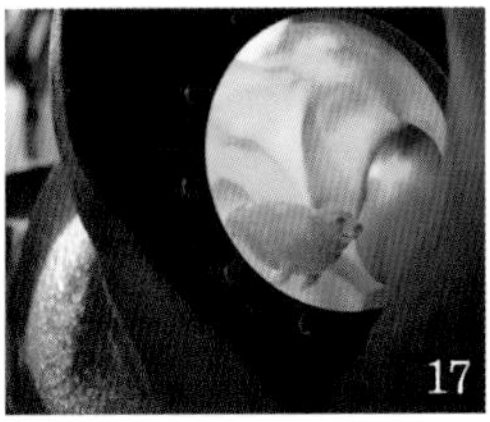
17

18

14

19

15

16

北欧 mini コラム 1

離乳食のはなし

北欧ではどこのスーパーに行っても、離乳食コーナーが充実しています。チューブタイプが一般的で、スプーンがいらないので食べやすく、洋服も汚れにくいように工夫されているものばかり。フルーツと野菜だけで作られているピューレや、砂糖を加える代わりにフルーツで甘みを足しているオートミールなどが人気です。余計なものが入っておらず、安心できる素材で作られているので、離乳食は家で作らなくてもOK！と考えているママも多いそう。こんなところまで気楽でいいなぁと思います。

北欧 mini コラム 2

歯みがきのはなし

ほとんどのノルウェーの子どもたちが読んでいるといわれている絵本が、『KARIUS og BAKTUS』。甘いものが大好きなイェンス君の口の中にカリウスとバクトゥスという虫歯たちが家（虫歯）を作りはじめるというお話です。また、北欧の子どもたちが口ずさむ歌には、「みがくみがくみがく、歯をみがく」という歌があるなど、小さなころから歯を大切にする習慣があるんだなと感じます。北欧の歯みがき製品は子どもから大人までカラフルでかわいいデザインのものばかり！　楽しく歯みがきができるように工夫されているのです。
ちなみに、歯が大切というのはもちろんですが、北欧の人たちが歯のケアに力を入れている理由が実はもう１つあります。例えば、ノルウェーでは18歳までの歯科診療は無料、20歳までは25%の負担、20歳を過ぎると満額の自己負担に！　大きな金額になるので、子どものときからしっかりと歯のケアを学んでいるのです。

スーパーでいつも買ってくる
北欧の食材いろいろ

北欧に帰省したら、日本で恋しくなる食品のあれこれを買って帰ります。

スーパーで見つかるお気に入りをご紹介。旅行されるときのご参考になさってください。

Knäckebröd
クネッケいろいろ

クネッケは、北欧の食卓に欠かせないクラッカーのようなパリッとした食感のパン。ライ麦などの穀物から作られているので、食物繊維も豊富。シンプルな味なのですが、噛めば噛むほど味わい深く飽きがこない、というか、はまってしまう味です。バターを塗ってそのまま食べたり、ペーストやチーズなどをのせたり。ささっと食べる、お気軽なスナックという感じです。朝ごはんやランチはもちろん、夜ごはんにはスープと合わせることも。

HUSMAN

軽い食感で食べやすく、スウェーデンでは、どこのお家にも1つは常備してあるのでは？というくらいポピュラーなメーカーです。

SKEDVI BRÖD

薪の窯で1枚1枚焼かれた、昔ながらの製法で作られたもの。釜ならではの香ばしさで、シンプルな材料だけで作られています。直径30cmくらいのビッグサイズです。

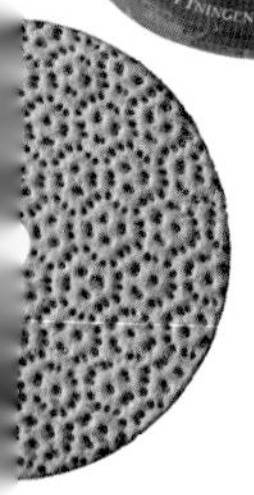

VIKA

薄くて硬めで、サワードウ独特のちょっと酸っぱさもある味わい深いクネッケ。パッケージもかわいくて好きです。

Leksands Knäckebröd

スウェーデン産のライ麦を使って作られたクネッケ。ブルーが定番、イエローはしっかり焼きタイプ、グリーンは4種類の穀物を混ぜて作ったタイプ。

Leksands Knäckebröd

かわいい馬のイラストが特徴。工芸品「ダーラナホース（木製の馬の置物）」で有名な、スウェーデン・ダーラナ地方で作られている伝統的なもの。

ラズベリーとクリームのクッキー

Singoalla

硬めのジャムと、ふわふわのクリームが絶妙な組み合わせ。夫も子どものときから食べている、スウェーデンではコーヒーの定番のおともです。

シナモンロール菓子

gifflar

北欧の定番おやつ、シナモンロールのミニバージョン。お土産にぴったりのかわいい大きさで気に入っています。スウェーデンのもの。

チョコレートクッキー

GILLE

オーツ麦のクリスプクッキーの中に、たっぷりとチョコがはさまっています。甘～くて、疲れている日には体に染みます。スウェーデンのもの。

チョコレートスナック

KEX

ウェハースにチョコレートがたっぷり染み込んでいるお菓子。冷蔵庫で冷やして食べるとおいしいのです。スウェーデンのもの。

Smash!

コーンスナックにチョコがかかっている、甘じょっぱい系お菓子。1度食べてからすっかりはまり、食べ出すと止まりません。ノルウェーのもの。

ブラウンチーズ

TINE

キャラメルのような甘みとしょっぱさのある、ノルウェーのチーズ。パンの上にブラウンチーズといちごジャムをのせるのが定番の食べ方。

フレーバーティー

KOBBS

北欧のベリーやフルーツを使った、フレーバー紅茶。ふわーっとあまい香りが広がり、いい気分になります。スウェーデンのもの。左：ルバーブ、ストロベリー、パッションフルーツの香り　中：かりん、桃、クリームの香り　右：パッションフルーツ、マンゴー、クリーム、キャラメルの香り

たらこのペースト

KALLES kaviar

北欧の家庭の冷蔵庫に必ず入っているもの。パンにバターを塗り、スライスしたゆでたまごをのせて「KALLES」を塗ったら、北欧の定番朝ごはんの完成！

ココアパウダー

Fazer

目のマークがかわいくて、さすが北欧デザイン！と思うパッケージ。香りがよくて、ミルクと砂糖を混ぜてよくココアを作ります。フィンランドのもの。

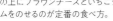

日本でも買える北欧スナック

探せば日本で買える北欧食品もあります。
見つけると、お！とちょっとうれしくなりますが、
その中でおすすめをご紹介します。

さば缶

Stabbur-Makrell

トマトソース味のさばは、バターを塗ったパンにのせてシンプルに食べます。くせがなくて食べやすく、ノルウェーで出会って以来、ときどき恋しくなる味です。「カルディ」で購入。

チョコレートスナック

Daim

チョコレートの中にパリパリ食感のキャラメルが入っていて、歯ごたえがくせになります。しっかり甘いのですが、食べだすと止まりません。「イケア」で購入。

フレーバーティー

NORDQVIST

フィンランドの老舗の紅茶メーカーらしい、ムーミンパッケージ。北欧ではベリーやフルーツなどを使ったフレーバーティーが人気です。右は紅茶ベース、左はルイボスティーベース。「カルディ」で購入。

クリームチーズ

Arla

北欧はチーズの種類がとにかく豊富で、なんといってもおいしい！デンマーク製のこちらもシンプルな材料で作られていて、フレッシュな味がします。「ツルヤ」で購入。

ヨーグルト

Isey SKYR

ふつうのヨーグルトとは一味違って、なめらかでかなりクリーミー。高タンパクで栄養価が高く、アイスランドでは料理にもよく使われます。「セブン - イレブン」で購入。

ジンジャークッキー

GINGER SNAPS

シナモンやジンジャーなどのスパイスが効いているクッキー。クリスマスが近くなるとお店にたくさん並ぶ、北欧の冬の味です。クリスマスはホットワインといっしょに。「カルディ」で購入。

おわりに

ノルウェーに1年半住んだあと、日本に戻ることを決めたとき、友人たちから何度も「どうして日本に戻ることにしたの?」と聞かれました。仕事や家族のことなど理由は1つではないので、毎回返事に困ってしまうのですが、日本が恋しかったことが大きかったかもしれません。

春に咲く、桜の花。夏祭りにお正月。ほっとやすらげる温泉。気楽にお酒と料理が楽しめる居酒屋……。挙げていくときりがないほど、ノルウェーに住んでいる間は、どれもこれもが本当に恋しかった。日本を離れてはじめて、こんなに私は日本が好きだったんだ!と気がついたのです。

そしてもう1つ、日本に戻ろうと決めた理由は、北欧に住まなくてもだいじょうぶかも……と思えたことが大きかったように思います。ノルウェーに住む前は、働く環境や福祉のしくみなど、日本と北欧を比べては、ここが北欧だったらなぁ、なんて、ため息をつくことが正直よくありました。

もちろん今でも北欧がうらやましいなと思うところがあるのは変わりませんが、実際に住んでみて感じたのは、「どんな生活が自分には居心地がいいのか?」「どんな暮らしがしたいのか?」ということを、きちんと自分の中でイメージできていることが大事なのかもしれないということ。なによりも、北欧の人たちは自分のことをよく知っていて、自分にとって居心地のいい暮らしとはなにかをよく知っている。そんな彼らの暮らしぶりを間近で見ることができたことは本当に貴重な経験で、たくさんのヒントをもらったような気がしています。

この本では、私が北欧の人たちの暮らしから学んで、考えたことについて書きました。ここに書いたことは、日本に戻ろうと決めたときにぜったいに忘れないようにしたいと強く決意したことでもありますし、日本で暮らす中でも折にふれて思い出していることです。

この本を手にとってくださった方にとって、小さくとも毎日がふっと楽になるようなヒントとなったなら、こんなにうれしいことはありません。

まさか自分が本を出版するなんて、「北欧、暮らしの道具店」で働いていなかったら、考えてもみなかったと思います。この本の帯のメッセージを引き受けてくださった店長の佐藤友子さん、そして、出版までいっしょに走ってくださった編集者の加藤郷子さんには感謝の気持ちでいっぱいです。

そして、最後に、この本を手にとってくださったみなさまに心から感謝いたします。ありがとうございました！

桒原　さやか

撮影　砂原 文（下記以外）
桒原さやか
（p.20、22、38、40、42-51、73、100、108、110下、123、 146、170-174）
ブックデザイン　塚田佳奈（ME&MIRACO）
編集・構成　加藤郷子
撮影協力　村田有紀（p.42〜51）
校正　玄冬書林
編集統括　川上隆子（ワニブックス）

北欧で見つけた
気持ちが軽くなる暮らし

著　者　桒原さやか

2020年10月2日　初版発行
2020年12月10日　2版発行

発行者　横内正昭
編集人　青柳有紀
発行所　株式会社ワニブックス
〒150-8482
東京都渋谷区恵比寿4-4-9　えびす大黒ビル
電話　03-5449-2711（代表）　03-5449-2716（編集部）
ワニブックスHP　http://www.wani.co.jp/
WANI BOOKOUT　http://www.wanibookout.com/

印刷所　株式会社美松堂
DTP　株式会社オノ・エーワン
製本所　ナショナル製本

定価はカバーに表示してあります。
落丁・乱丁の場合は小社管理部宛にお送りください。
送料は小社負担でお取り替えいたします。
ただし、古書店等で購入したものに関してはお取り替えできません。

ISBN978-4-8470-9961-8